Gerda Brömel
Meine schönsten Reisen (3)
Jangtse-Flussfahrt & Xi'an – Beijing

Weitere Bücher dieser Reihe:
Meine schönsten Reisen (1)
Kanadische Arktis mit dem Eisbrecher

Meine schönsten Reisen (2)
Galapagosinseln & Südamerikas Westen

Gerda Brömel lebt in Mönkeberg an der Kieler Förde. Bis zu ihrem Ruhestand war sie in der Verwaltung verschiedener Institutionen tätig. Danach begann sie mit ihrer literarischen Arbeit. Inzwischen hat sie zahlreiche Bücher veröffentlicht, davon einige auch als Bearbeiterin/Herausgeberin.

Ihre große Leidenschaft neben der Literatur und Musik sind Fernreisen, die sie im Laufe vieler Jahre zu Zielen auf allen Kontinenten führten. In der Reihe »Meine schönsten Reisen« erscheinen jetzt einige ihrer unterwegs geführten Reisetagebücher.

Gerda Brömel

Meine schönsten Reisen (3)
Jangtse-Flussfahrt
&
Xi'an – Beijing

*Bibliografische Information der Deutschen Natio-
nalbibliothek:
Die Deutsche Nationalbibliothek verzeichnet diese
Publikation in der Deutschen Nationalbibliogra-
fie; detaillierte bibliografische Daten sind im In-
ternet über http://dnb.dnb.de abrufbar.*

Titelfoto: Nanjing: Rikschamänner
Rücktitel: Beijing, Tiantan-Park:
                     Halle des Ernteopfers
                     (auch: Halle des Erntegebets)

Herstellung und Verlag:
BoD – Books on Demand, Norderstedt
ISBN 9783739244181

Inhalt

MS SPLENDID CHINA

Shanghai, Blick auf den »Bund«

Shanghai

Montag, 04. Juni 2001. Auf dem Shanghaier Flughafen Pudong erwartet uns ein umständliches und zeitraubendes Einreiseverfahren: Außer der bereits im Flugzeug ausgefüllten Immigration Card müssen Heinrich und ich und alle anderen auf einem weiteren Formular versichern, an keiner ansteckenden Krankheit zu leiden und bekannt geben, in welchem Land wir uns während der letzten sechs Wochen aufgehalten haben. Ziemlich lange dauert es auch, bis wir unser Gepäck vom Band nehmen und zum Schiffszubringerbus rollen können.

Endlich fahren wir zum Hotel »Jing Jiang Tower«, in dem es in der Lobby trotz seiner fünf Sterne nach maroder Kanalisation riecht. Wir werden zunächst in ein Restaurant gelotst, um den obligaten Begrüßungsdrink entgegenzunehmen. Offenbar hat man bei einer deutschen Reisegruppe aber nur mit Biertrinkern gerechnet, denn mein Wunsch nach Wasser bereitet Schwierigkeiten. Das mir dann schließlich servierte Getränk ist abgekochtes, noch lauwarmes Wasser, das widerlich nach Chlor schmeckt.

Ohne weitere Formalitäten erhalten wir den Schlüssel für unser luxuriöses, wenn auch eisgekühltes Tageszimmer. Dort lassen wir uns sofort auf die Betten fallen, um uns nach der langen Anreise etwas auszuruhen. Nach drei Stunden werden wir telefonisch geweckt, eine halbe Stunde später fahren wir zu unserem Flussschiff SPLENDID CHINA. Dessen Liegeplatz befindet sich in einem Nebenarm des Jangtse mit Namen Huangpu.

Der Empfang am Schiff ist großartig: Zierliche junge Chinesinnen in traditionellen langen, seitlich geschlitzten Kleidern mit breiten, diagonalen Schulterschärpen flankieren anmutig lächelnd unseren Weg über die Pier und den Ponton bis zur Gangway. Hier heißen uns zwei junge Männer willkommen: der chinesische Cruise Director Yi Z. und sein deutscher Kollege, Reiseleiter Steffen G. Die SPLENDID CHINA ist ein etwas mitgenommen aussehender Pott, der erstaunlicherweise erst einige Jahre alt sein soll. Natürlich darf man das Schiff nicht mit westlichen Maßstäben messen, doch quasi zum Ausgleich gibt man sich große Mühe mit dem Service.

Da bereits für 18.00 Uhr das Abendessen angesetzt ist, packen wir in aller Eile aus. Natürlich haben wir sofort entdeckt, dass die Beleuchtung in unserer Kabine nur funktioniert, wenn die Schlüsselkarte in den Strom-Aktivator neben der Tür gesteckt wird. Eine sinnvolle Einrichtung ist übrigens auch das Nachtlicht. Dies ist eine unterhalb des Nachttisches angebrachte Lampe, deren schwacher Lichtschein auf den Fußboden strahlt, so dass nachts das Zurechtfinden in ungewohnter Umgebung leichtfällt.

Unser Restauranttisch besitzt die in China übliche Drehplatte, auf die in schneller Folge die Schalen mit den vielen Vor- und Hauptgerichten einer chinesischen Mahlzeit gestellt werden. Im Verhältnis zum Tisch sind die Stühle sehr niedrig, so dass einige unserer sieben Tischgenossen um eine Sitzerhöhung bitten. Kurzerhand wird ihnen ein längliches, weiß bezogenes Kopfkissen untergeschoben.

Ein zusätzlicher Abendausflug »Shanghai bei Nacht« wird angeboten. Wir zögern, ob wir daran teilnehmen sollen, denn seit unserer Ankunft gießt es in Strömen. Nach dem Essen meinen wir allerdings, der Regen habe etwas nachgelassen und entschließen uns, nun doch mitzumachen. Nachträglich sind wir froh, denn trotz des schlechten Wetters wird es ein großartiges Erlebnis, die City dieser Weltstadt bei nächtlicher Beleuchtung zu sehen. An einigen Stellen steigen wir aus dem Bus, um etwas herumzuwandern. So z. B. in der Altstadt. Die ist allerdings gar nicht alt, sondern wurde vor einigen Jahren nur im alten Stil wieder aufgebaut. Mit Leuchtbändern in allen Farben werden die Silhouetten der höchstens zweistöckigen Geschäftshäuser mit ihren geschwungenen Dächern und Giebeln nachgezeichnet. Eine oder zwei Straßen zeigen sich auch ohne diese Leuchtbänder, dafür jedoch mit länglichen bunten oder runden roten Lampions. Die meisten Läden haben geöffnet. Wir gehen durch einige Straßen, die sich um einen kleinen Platz gruppieren. Trotz des Regens sind viele Leute unterwegs.

Danach fahren wir zum Volksplatz, wo wir an den imposanten Bauten der Shanghai Oper, der Bibliothek, des Museums sowie am Rathaus vorbeispazieren. Alle Gebäude werden effektvoll angestrahlt durch Scheinwerfer, deren Licht heute vom nassen Pflaster reflektiert wird.

Unser nächstes Ziel ist der »Bund« mit Shanghais berühmter Uferpromenade am Huangpu. Die Bezeichnung »Bund« stammt noch aus der Zeit englischer Repräsentanz (ab Mitte des 19. Jh.) Hier versammeln sich eindrucksvolle Geschäftshäuser, Banken und Hotels, die in unterschiedlichsten Baustilen errichtet wurden. Doch die Straße zum Ufer ist abgesperrt, denn in einem Hotel direkt am Fluss findet eine Konferenz asiatischer Staaten statt. Kurzerhand ändert unser rühriger chinesischer Guide Wang unsere Route. Jetzt fahren wir auf die andere Seite des Flusses nach Pudong, von wo wir dann hinüber auf den beleuchteten Bund blicken können. Unerwartet für uns wird dieser Anblick sogar etwas ganz Besonderes. Denn drüben sind fünf der höchsten Gebäude mit drei bis fünf Laserscheinwerfern bestückt, die ihre gebündelten verschiedenfarbigen Strahlen in einem Zufallsrhythmus abwechselnd über den Fluss und in den Himmel schicken. Auf einem Gebäude hüpfen auch Lichtbälle über das Gesims, und an den Wänden blinken und verglimmen verschiedene figürliche Zeichen. Eine ganze Weile stehen wir unter unseren Regenschirmen und genießen diesen Augenschmaus.

Pudong ist Shanghais modernes Wirtschaftszentrum, das erst vor wenigen Jahren entstanden ist und noch weiter entwickelt werden soll. Einige beeindruckende Bauten stehen bereits. Z. B. der TV-Tower (468 m) oder der Jin Mao Tower (420 m) mit dem Hotel »Grand Hyatt«, das sich in den 30 obersten von 88 Stockwerken befindet. Vom Fernsehturm, an dem wir vorbeigehen, sind an diesem regnerischen und diesigen Abend allerdings nur die unteren ca. 20 Meter zu sehen, und zwar drei mit riesigen gläsernen Kugeln versehene Stahlbeine, alles andere –sogar die Illumination – verschwindet im Dunkel.

Auch den nächsten Tag (Dienstag, 05. Juni) bleiben wir noch in der Weltstadt Shanghai, deren vermutete Einwohnerzahl zwischen offiziellen 12 und inoffiziellen 15 Millionen schwankt. Es hat aufgehört zu regnen, es ist schwül und bei hoher Luftfeuchtigkeit dunstig.

Zunächst fahren wir mit dem Ausflugsbus zum

Tempel mit dem Buddha aus weißer Jade. Diese kostbare Statue aus dem Jahr 1918 ist der Zerstörung während der Kulturrevolution in den Jahren 1966 – 1976 nur dadurch entgangen, dass man sie mit Pappen verkleidet hatte, auf denen Aussprüche von Mao geschrieben waren. Da Mao wie ein Gott verehrt wurde, wagten die rabiaten Jugendlichen der »Roten Garde« nicht, daran zu rühren.

Einen entspannenden Spaziergang unternehmen wir danach durch den Yuyuan Garten, einen kleinen gepflegten Park inmitten der Stadt mit zierlichen Brücken über künstliche Teiche, mit bunt bemalten Holzhäusern im traditionellen Stil, mit Skulpturen, künstlichen Felsen und üppiger Vegetation. Darunter sind Lotos, Palmen, Bananenstauden und Rosen aller Sorten und Farben. Hier wimmelt es von ausländischen und chinesischen Touristen.

Durch die Fußgängern vorbehaltene Altstadt, die wir gestern Abend im Dunkeln und bei Regen gesehen haben, bummeln wir heute bei Tag. Überall dudelt Musik aus den Geschäften und aus im Freien angebrachten Lautsprechern. Auch hier sind viele Menschen unterwegs. In den Läden mit ihren weit geöffneten Türen werden neben Souvenirs viele aus dem Westen importierte Produkte angeboten. Auf unserer Fahrt zu dem Hotel, in dem wir unser Mittagessen einnehmen werden, erhalten wir einen anderen Eindruck vom chinesischen Alltag:

Straßenzüge mit verfallenen ein- und zweistöckigen Häuschen, die demnächst abgerissen werden sollen, um Neubauten Platz zu machen. An vielen Orten sind innerhalb dieser Abbruchsstellen zahlreiche Arbeiter dabei, per Muskelkraft mit Spitzhacken und Vorschlaghämmern die Mauern zum Einsturz bringen. An anderen Stellen sehen Straßen mit ihren Trümmerbergen aus, als habe gerade ein Erdbeben oder ein Bombenangriff gewütet.

Grund und Boden gehören dem Staat, und daher können die Leute ohne Weiteres aus ihren Häusern evakuiert und in modernere Wohnblocks umgesiedelt werden. Besonders alte Leute würden natürlich lieber in der gewohnten Umgebung bleiben. Und dies, obwohl sie dort häufig kein fließendes Wasser und kein eigenes Klo haben. Auch deshalb findet man vielleicht überall Hinweise auf öffentliche Toiletten. In den noch bewohnten Vierteln mit diesen alten Häusern erledigt man zahlreiche Verrichtungen im Freien vor dem Haus. Wir beobachten zum Beispiel einen Mann, der auf dem Bürgersteig seine Zähne putzt. Auch zum Haareschneiden oder -waschen sitzt man draußen, Frauen schleppen Wasserkanister, die sie an öffentlichen Zapfstellen gefüllt haben. Eine Familie hockt auf dem schmalen Fußweg neben dem vorbeibrausenden Verkehr an ihrem Esstisch. Und überall sehen wir Wäschedrähte, die zwischen zwei Straßenbäumen oder einem Pfahl und einer Laterne gespannt sind. An ihnen hängt völlig unbeaufsichtigt die Wäsche einer Familie: Büstenhalter, Slips, Kinderkleidchen, Männerhosen und Socken. An einer belebten Kreuzung zweier Hauptverkehrsstraßen sehe ich dann aber doch eine wachsame Frau, die ihre an einem Draht zwischen einem Verkehrsschild und einem Mast flatternde Wäsche nicht aus den Augen lässt.

Uns fällt auf, dass weniger Radfahrer unterwegs sind, als wir hier noch vor drei Jahren beobachtet haben. Sie fahren – oft auch mit einer weiteren Person auf der Lenkstange oder dem Gepäckträger – auf einer separaten breiten Straße, die durch stabile Gitter oder Barrieren von der Autofahrbahn abgetrennt ist. Häufig schmücken Blumenkästen diese Abtrennungen. Überhaupt gibt man sich viel Mühe, Grün- und Blumenschmuck in die Stadt zu bringen. Die Straßen und Fußwege sind sehr sauber. Dafür sorgen mit ihren Reisigbesen unentwegt Männer und Frauen in orangefarbener Schutzkleidung, aber auch »zivil« gekleidete Leute.

Offiziell gibt es noch keine privaten Autos. Für den dennoch sehr dichten Verkehr sind die zahlreichen Firmen- und Dienstwagen, Taxis und Busse verantwortlich. Der VW-Santana, der im Lande hergestellt wird, ist in dieser Region das am häufigsten zu sehende Fahrzeug. Wie unser Guide Wang – der Name bedeutet übrigens »König« – erklärt, gebe es bereits wieder viele reiche und sogar sehr reiche Chinesen. Große Summen Geldes flössen aus dem westlichen Ausland nach China von Landsleuten, die hier in die boomende Wirtschaft investieren. Natürlich gebe es viele arme Leute, von denen allerdings niemand mehr zu hungern brauche. Eine Mittelschicht existiere dagegen kaum noch. Die offizielle Quote der Arbeitslosen, die »Arbeit-Erwartende« oder »Auf Arbeit Wartende« heißen, liege bei 3 %, tatsächlich werde sie allerdings auf 10 – 12 % geschätzt.

Ganz allgemein interessieren die Chinesen sich heute weder für Politik noch für Religion, sagt Wang, sondern nur noch für die Wirtschaft. Er selbst sei während der Kulturrevolution geboren, und da damals jegliche religiöse Betätigung verboten gewesen war, fänden schon deshalb Angehörige seiner Generation kaum noch Zugang zu einer Religion.

Im Laufe unserer Reise erwähnt Wang öfter Deng Xiauping (Führer der VR China 1979 – 1997), dem das chinesische Volk viel zu verdanken habe. Vor allem, dass der Lebensstandard in den letzten Jahren ganz erheblich gestiegen sei und alle jetzt besser leben könnten. Wang spricht recht gutes Umgangsdeutsch. Er sei ein »Ossi«, gesteht er, denn von 1987 bis 1990 habe er in einem Bautzener Werk Elektrotechnik gelernt. Er habe den ganzen »Wiedervereinigungsrummel« mitgemacht und sei auch so clever gewesen, seine gesparten

Shanghai,
Pudong
Blick vom
TV-Tower:
Jin Mao Tower
(re.) mit Grand
Hyatt Hotel

»Alte
Stadt«

16

4.000 DDR-Mark eins zu eins in harte D-Mark umzutauschen. So habe er als wohlhabender Mann nach China zurückkehren und sich sogar eine »Ehefrau erster Klasse« leisten können.

Ein Höhepunkt im wahrsten Sinne des Wortes ist nachmittags der Besuch des TV-Towers, mit 468 Metern zurzeit der höchste Turm Asiens und der dritthöchste der Welt. Die Aussichtsplattform in Gestalt einer gläsernen Kugel befindet sich in ungefähr 350 Metern Höhe. Hier kann man einmal ganz herumgehen und die Stadt von oben betrachten. Allerdings ist es dunstig, und zusätzlich wird der Blick durch die Glasscheiben getrübt, was sich später natürlich auf die Qualität unserer Fotos auswirkt. Ein Stockwerk tiefer ist noch ein offener, nur durch Draht gesicherter Umgang. Unten in der riesigen runden Halle (wieder eine gläserne Kugel) werden Modelle des heutigen Stadtteils Pudong und auch des zukünftigen ausgestellt. Danach sind drei weitere Wolkenkratzer geplant, die noch höher als der Jin Mao Tower werden sollen. Einer davon, das Shanghai World Financial Center, soll mit 492 Metern das höchste Gebäude der Erde werden.

Als wir wieder zu unserem Bus gehen, beobachte ich, wie eine Gruppe Männer in den Grünanlagen am Fuß des TV-Towers mit den bloßen Händen Gras zupft. Ob dies eine »normale« chinesische Art der Rasenpflege ist oder eine erzieherische Strafmaßnahme, bleibt offen.

Jangtse-Flussfahrt

Kurz vorm Auslauftermin der SPLENDID CHINA um 17.30 Uhr kehren wir zurück zum Schiff. Für 18.30 Uhr ist der Begrü-ßungscocktail des Captain angesagt. Der Kapitän entspricht mit seiner straffen Haltung und unbewegten Miene genau meinem vorgefassten Bild eines chinesischen Offiziers. Da er keine Augenbrauen besitzt, wirkt sein Gesicht merkwürdig nackt. Als er später beim Abendessen von Tisch zu Tisch geht, um uns mit einem hiesigen Schnaps zuzuprosten, schüttelt er sich anschließend, als trinke er sonst nie. Seine Tellermütze nimmt er nicht ab, auch im Laufe der gesamten Reise sehen wir ihn nie ohne Kopfbedeckung.

Auf dieser Reise ist die SPLENDID CHINA bei Weitem nicht ausgebucht. Unsere Gesellschaft zählt nur sechzig Personen, die während der Ausflüge auf zwei Busse verteilt werden. Wie wir bereits festgestellt haben, sind unsere Mitpassagiere überwiegend nette und verträgliche Leute. Es gibt kein Gedränge, alles geht sehr ruhig und gelassen vonstatten. Neben uns Deutschen gehören auch ein Amerikaner und eine Australierin zu unserer Reisegesellschaft, außerdem einige Österreicher und eine neunköpfige Gruppe aus der Schweiz.

Während der Ausfahrt haben sich viele Gäste Stühle aufs 5. Deck geholt, um von hier aus einen letzten Blick auf Shanghai zu werfen. Obwohl im Laufe des Tages ab und zu die Sonne durchgekommen war, präsentiert sich uns die moderne Skyline des Stadtteils Pudong beim Abschied immer noch hinter einem Dunstschleier. Relativ schnell gleiten wir entgegen der Strömung auf den Hauptarm des 6.300 km langen Jangtsekiang, dem nach dem Amazonas und dem Nil drittlängsten Fluss der Erde.

Abends bietet uns die Schiffsbesatzung eine Show. Fünf junge Frauen führen einen Volkstanz auf. Sie tragen farbenfrohe Kleider mit weiten Röcken und darunter enge Stoffhosen, die bis unters Knie reichen. Zweimal tritt eine kleine Gruppe von Sängerinnen auf. Mit ihren typischen, etwas blechern und quäkig klingenden Stimmen singen sie einstimmige Lieder. Leute aus dem Publikum müssen für eine abgewandelte Form der »Reise nach Jerusalem« herhalten, und nach einem weiteren Volkstanz in anderen Kostümen werden Gäste aufgefordert – darunter auch Heinrich –, diesen Tanz mit Hilfe einer der jungen Frauen zu erlernen. Den Höhepunkt der Show bildet die Darbietung eines jungen Mannes aus der Küchencrew. In einer Art Ausdruckstanz mit wahrhaft spektakulären akrobatischen Einlagen stellt er ohne irgendwelche Requisiten überzeugend einen schwer arbeitenden Mann dar, der ein Schiff den Jangtse flussaufwärts zieht, d. h. treidelt, so wie es früher in der Flussschifffahrt häufig praktiziert wurde. Manchmal schwebt der Tänzer bei riskanten Sprüngen für Augenblicke waagerecht in der Luft! Sein Kostüm besteht aus einer kurzen, mit einer Schärpe gegürteten Toga, die seinen muskulösen, idealen Tänzerkörper sehen lässt, sein schwarzes Haar wird durch ein Stirnband gehalten.

Yangzhou

Mittwoch (06. Juni). Wie schon gestern weckt uns auch heute das Kabinenradio. Unser deutscher Reiseleiter Steffen aus Dresden pflegt dann mit einschmeichelnder Stimme und sächsischem Akzent ein zartes »Guten Morgen ...« zu säuseln. Dieser spezielle Gutenmorgengruß wird von uns Passagieren bald bei jeder Gelegenheit imitiert.

Beim Aussteigen gehen wir heute durch ein anderes, sehr feudal aussehendes Schiff mit Namen VICTORIA, danach über eine Ponton- sowie über eine feste Brücke und durchqueren dann ein schlichtes Terminalgebäude. Auf dem Platz davor ist ein Arbeiter gerade dabei, den durch Regen aufgeweichten Erdboden mit einem Reisigbesen zum Trocknen auseinander zu fegen. Bei bedecktem Himmel ist es heute Morgen nur knapp 20 °C warm und wieder sehr dunstig

Um 9.00 Uhr startet der Bus nach Yangzhou. Die Fahrt dorthin dauert ungefähr eine Dreiviertelstunde. Unterwegs machen wir Station an der Kaiserbrücke am Großen Kanal, dem Yunho, der von Yangzhou bis nach Beijing führt. Mit dem Kanalbau wurde unter Kaiser Yangdi bereits 605 n. Chr. begonnen, vollendet wurde er erst im 13. Jahrhundert. Danach verfiel die besonders für den Korn- und Salzhandel wichtige Wasserstraße, erst 1958 wurde sie wiederhergestellt. Mit seinen imposanten 1.782 km gilt er als der längste Kanal der Welt. Übrigens: Im 13. Jh. soll Marco Polo als Protegé des damaligen Herrschers drei Jahre lang Statthalter dieser Region gewesen sein.

Wir bleiben eine Weile auf der Brücke und beobachten die Dschunken, die gerade angekommen sind. Sie sind bis obenhin beladen mit akkurat nebeneinander und übereinander gelegten Bambusstangen. Diese Bambusstangen von ungefähr 20 bis 30 cm Dicke und 12 m Länge werden von den in unseren Augen zierlichen Chinesen einzeln auf die Schulter genommen, ausbalanciert und dann von Bord getragen. Und zwar nicht über eine Gangway, sondern über zwei nebeneinander gelegte, ca. 10 m lange Bretter, die ohne irgendeine Sicherung vom Schiff zum Ufer reichen! Auf einem Platz werden die Hölzer auf einen Stapel geschichtet. Auch Frauen gehören zu den Arbeitern.

Yangzhou: am Großen Kanal

Yangzhou: Im Garten »Slender West Lake«

Sie tragen die Bambusstangen jedoch nicht, sondern schultern sie an deren stärkster Stelle und lassen das dünnere Ende über die Erde schleifen. Ein korrekt gekleideter Mann beaufsichtigt die Entladearbeiten.

Auf einigermaßen gut ausgebauten Straßen fahren wir weiter in Richtung Yangzhou. Immer wieder überholen wir Lasten transportierende Radfahrer, die auch hier gemeinsam mit wenigen Motorrollern die separate, durch Gitter von der Autostraße abgeteilte Fahrbahn benutzen.

Bei den vereinzelt in der Landschaft stehenden Häusern handelt es sich um Bauernhöfe, erfahren wir von unserer hiesigen Guide. Sie sind häufig zweistöckig und gehören den reicheren Bauern, denn durchschnittlich kosten sie ungefähr 100.000 Yuan (ca. 35.000 DM). Nach dem ungepflegten Zustand zu urteilen, fehlt es aber offenbar an Geld oder Material für die Instandhaltung. Hier auf dem Land gibt es in der Regel kein fließendes Wasser. Das Toilettenhäuschen steht auf dem Hof, so wie es auch bei uns in manchen dörflichen Gegenden noch bis Mitte des letzten Jahrhunderts üblich war. Angebaut werden Raps, Weizen (die Weizenernte ist gerade eingebracht worden), Wasserreis sowie Gemüse. Wir kommen an überfluteten Reisfeldern vorbei, die jetzt neu bestellt werden, und zwar genauso, wie man es auf alten und neuen Bildern gesehen hat: Frauen mit dem typischen Chinesenstrohhut setzen gebückt gehend die jungen Pflanzen. Auf schmalen Dämmen, die durch diese Felder führen, sind einzelne Leute auf ihrem Fahrrad unterwegs.

Yangzhou ist eine geschäftig wirkende Stadt mit ungefähr 3 ½ Millionen Einwohnern. Wir kommen durch das alte Yangzhou, das einen beinah wohlhabenden Eindruck macht mit den mehrspurigen Fahrbahnen, deren Fahrtrichtungen durch gepflegte Grünstreifen mit beschnittenen Büschen und bunten Blumenrabatten geteilt werden. Man sieht auch hier immer wieder an unvermuteten Stellen und völlig abseits von irgendwelchen Häusern die zwischen zwei Straßenbäumchen oder Laternen gespannten Drähte, an denen die Wäsche einer Familie zum Trocken hängt. Wir kommen an Wohnblocks aus den achtziger Jahren vorbei, die schon wieder abgerissen werden sollen, da sie nicht mehr zeitgemäß sind. Die Leute haben hier mehr Platz zum Wohnen als in Shanghai, sagt Guide Wang, wo eine durchschnittliche Familie nur 4 ½ qm Wohnfläche hat. In Yanghzou sind die Neubauwohnungen immerhin fast 10 qm »groß«.

Überall ist der knappe Wohnraum ein Problem. Junge Paare, die heiraten wollen, können dies nicht, weil sie keine Wohnung haben. Und sie dürfen nicht heiraten, wenn sie keine Wohnung nachweisen können! Ohnehin dürfen Frauen frühestens mit 23 Jahren heiraten. Der Wunsch nach dem staatlicherseits erlaubten einzigen Kind muss beantragt werden. Üblich ist, dass die Behörden diese Anträge verschleppen, so dass häufig mehr als ein Jahr bis zur Genehmigung vergeht. Diese Beschränkung auf ein Kind erwähnen mehrere unserer örtlichen weiblichen Guides. »Wir sind unglücklich darüber«, gesteht nicht nur eine von ihnen, »aber wir sehen ein, dass dies sein muss. Wir sind eben einfach zu viele!« Einschränkend wird bemerkt, auf dem Lande werde dieses Einkind-Gesetz nicht ganz so genau befolgt. Der Staat erlaubt allerdings nur einem Kind in der Familie eine Schul- und Weiterbildung, medizinische Betreuung wie Impfungen u. Ä., und zwar gilt dies konsequenterweise selbst für Zwillinge! Dieses eine Kind, das nach Möglichkeit ein Sohn sein sollte – schon jetzt existiert in China ein erheblicher Männerüberschuss, wodurch sich in einigen Jahren das Problem der Überbevölkerung von selbst erledigen könnte – wird natürlich in der Familie einerseits verhätschelt, andererseits aber ruhen auch alle Hoffnungen auf ihm. Ab dem dritten Lebensjahr beginnt es im Kindergarten bereits Schriftzeichen lesen und schreiben zu lernen, später dringen die Eltern darauf, dass neben der Schule etwas anderes erlernt wird, was es später aus der Masse herausheben könnte: Ballett, Sport, Malen, die Kunst der Kalligrafie, Musizieren u. Ä., freie Zeit zum Spielen bleibt nicht mehr. Natürlich gibt es auch Familien, in denen dennoch ein zweites Kind geboren wird. Daraus folgt – wenn man nicht an Schlimmeres denkt –, dass diese Familien zeitweise wie Nomaden durchs Land ziehen, in einer Stadt mal das genehmigte Kind in die Schule schicken und impfen lassen, in einer anderen das illegale.

Die Menschen, die wir auf den Straßen in den Städten sehen, sind zu unserer Überraschung sehr sorgfältig angezogen, und zwar sogar formeller als üblicherweise bei uns: Die Frauen tragen Kleid oder Rock und Bluse und die Männer Hemd und Anzughose. In der Stadt radeln sie in Bürokleidung zur Arbeit oder in Ausgehkleidung zu irgendwelchen Veranstaltungen. Salopp angezogene Leute in Jeans und T-Shirt sind die Ausnahme. Bei den Männern jeden Alters gilt es offenbar als schick, eine Anzahl verschiedener Schlüssel am Gürtel zu tragen. Ich erinnere mich, dass dies auch bei uns vor etlichen Jahren bei Jugendlichen Mode war.

Als Erstes fahren wir jetzt zu einem künstlichen See, dem »Slender West Lake«, der in einem Park (hier sagt man »Garten«) liegt. Dort steigen wir auf ein gelbrotes Drachenboot um. Es ist ein vorn mit Drachenköpfen verziertes und an den Seiten offenes Boot, das mit Heckmotor betrieben und von nur einem Steuermann bedient wird. Wir sitzen auf niedrigen Bänken an niedrigen Tischen. Je ein Teller mit Hirse- und Leinsamengeleebonbons und getrockneten Aprikosen- und Dattelstückchen, die alle einzeln mehrfach eingewickelt sind, und zugedeckte Teeschalen auf einem kleinen Unterteller stehen vor jedem Platz. Auf die Blätter des grünen Tees gießt eine junge Bedienung heißes Wasser. Die Schale wird auf dem Unterteller zum Mund geführt. Tee und Konfekt schmecken hervorragend.

Ungefähr eine Stunde gleiten wir durch verschiedene Kanäle inmitten einer idyllischen Parklandschaft mit Pagoden, Teehäusern und künstlichen Grotten. Trauerweiden neigen sich über die künstlichen Wasserwege, auf einer von ihnen haben sich gerade zahlreiche graue und weiße Reiher niedergelassen. Nach dem Aussteigen wandern wir gemächlich durch diesen wunderschönen Garten mit seinen hügeligen Wegen und den zierlichen Brücken, zu denen häufig zahlreiche Stufen führen. Außer uns sind auch allerhand chinesische Touristen unterwegs, die uns zwar nicht anstarren, doch aufmerksam mustern.

Um 12.00 Uhr treffen wir uns wieder beim Bus, um in die Stadt zum eleganten »Grand Metropole Hotel« zu fahren, wo wir essen werden. An dessen Eingangstür warnt ein Schild: »Admittance only properly dressed«. Doch wir mit unseren staubigen Turnschuhen und andere Gäste in ihren unvermeidlichen Shorts werden trotzdem hineingelassen. Ich wende mich gleich an die Rezeption, um dort meine gestern geschriebenen Postkarten zur Spedition aufzugeben. Am Desk bedeutet man mir, ich möge an den Eingang gehen. Das dortige Telefon klingelt. Eine junge, in Pagenuniform gekleidete Frau eilt herbei und nimmt das Gespräch entgegen, in dem ihr offensichtlich mein Wunsch mitgeteilt wird. Zusätzlich erläutere ich ihn ihr noch auf Englisch, sie nickt und so wird das Weitere wohl in Ordnung gehen.

Mit dem Lift fahren wir in den 3. Stock, wo in einem schönen Restaurant bereits für uns gedeckt ist. Es gibt wieder hervorragendes chinesisches Essen und als Dessert wie üblich Wassermelonenscheiben. Ein Getränk ist in chinesischen Restaurants immer inklusive. Man kann wählen zwischen Bier, Wasser oder Cola. Neben den obligaten Stäbchen werden zusätzlich Gabeln angeboten, so dass ich meine Plastikgabeln umsonst mitgenommen habe. Erst in den letzten Tagen unserer Reise habe ich gelernt, die Stäbchen einigermaßen sicher zu handhaben.

Bevor der Andrang zu groß wird, besuche ich noch vorm Essen die hier sehr gepflegte Toilette, in der es nicht nur die sonst üblichen Löcher im Boden, sondern sogar eine Wasserspülung gibt, doch auch hier muss das benutzte Papier in den bereitstehenden offenen Eimer entsorgt werden. Zuvorkommend dreht die Wärterin anschließend zum Händewaschen den Wasserhahn für mich auf und zieht das Rollhandtuch herunter! Und als sie von mir 1 Yuan (ca. 35 Pfg.) Trinkgeld erhält, öffnet sie mir auch noch die Ausgangstür und verabschiedet sich mit einem freundlichen »Good bye! «

Tatsächlich fällt es auf, wenn eine Toilette sauber ist, denn häufig schwimmt der Fußboden in den Kabinen von Urin oder Wasser. Papier muss man immer selbst mitbringen oder bei der Wärterin kaufen. Meistens geht auch die Tür nicht zu verriegeln, so dass sie mit einer Hand zugehalten werden muss. Als Zeichen, dass besetzt ist, hänge ich manchmal ein Halstuch über die höchstens dreiviertelhohe Tür.

In diesem Zusammenhang noch eine Bemerkung zum Wasser. Grundsätzlich sollte das aus dem Hahn kommende und stark gechlorte Wasser nicht ungekocht getrunken werden. Selbst in den besten Hotels und natürlich auch auf der SPLENDID CHINA nicht. Fürs Zähneputzen stehen im Badezimmer jeden Tag aufs Neue zwei original verschlossene Mineralwasserflaschen bereit, und mit diesem Wasser spült man auch die Zahnbürste aus. Letzteres ist allerdings kaum nötig, denn unsere Kabinenstewardess pflegt jeden Morgen unsere benutzten Zahnbürsten wegzuschmeißen und original verpackte hinzulegen. So heißt es also immer wieder aufs Neue, die verschlossene Papppackung zu öffnen, die Folieninnenpackung herauszuziehen, sie mühselig aufzureißen, um an die fabrikneue Zahnbürste und die obligate kleine Zahnpastatube heranzukommen. In jedem Hotelzimmer und auch in unserer Kabine auf der SPLENDID CHINA steht außer einer Thermoskanne mit abgekochtem Trinkwasser ein Wasserkocher. Damit kann man sich aus dort vorgehaltenen Teebeuteln einen Tee zubereiten.

Nach dem Essen fahren wir zurück zum »Garten« und besichtigen den Daming-Tempel mit mehreren vergoldeten Buddha-Statuen. Wir haben inzwischen gelernt bzw. uns wieder daran erinnert, immer zuerst mit dem linken Fuß über die hohe Schwelle eines Tempels zu steigen, denn mit dem rechten könnte Unglück heraufbeschworen werden. Ich beobachte, wie eine Frau, nachdem sie Räucherstäbchen abgebrannt und dann gebetet hat, auf den »Altar« mit einer der Statuen Obst und Süßigkeiten legt. Das sind Opfergaben, von denen die Mönche zum großen Teil leben müssen. Interessant ist, dass die Rückseite der Wand, an der die Buddha-Figuren lehnen, wie eine Felsenlandschaft aussieht. Sie ist aber aus Holz geschnitzt und wird von kleinen hölzernen Dämonen und Tieren bevölkert. Mittelpunkt ist eine sitzende Buddha-Statue mit weiblich anmutenden Formen.

Auf einem Hügel spielt vor einem Verkaufsstand eine junge Frau die chinesische Zither. Die Musik klingt fremdartig für unsere Ohren, doch durchaus harmonisch. Auch das übrige Gelände wird mit Unterhaltungsmusik berieselt, die im traditionellen chinesischen Stil komponiert wurde, ab und zu klingt sie aber überraschend »westlich«. Unser Herr Wang kauft hier eine CD für seinen Sohn, der Flötespielen lernt – oder lernen muss.

Es wäre noch genügend Zeit, in diesem Park-Garten auf eine neunstöckige Pagode mit insgesamt 350 Stufen zu klettern. Mich verlockt dies allerdings nicht. Aber Heinrich versucht den Aufstieg, gelangt jedoch »nur« bis zum 7. Stock. Von dort bietet sich ihm ein schöner Blick über das Gelände mit dem See und den Kanälen, die wir vormittags befahren haben. Inzwischen ist die Sonne herausgekommen. In der jetzt schwülen Nachmittagshitze ruhe ich mich auf einer Steinbrüstung sitzend etwas aus, denn Bänke sind kaum zu finden. Zum verabredeten Zeitpunkt trifft unsere Gruppe sich dann wieder am Bus und wir fahren geradewegs zurück zum Schiff.

Nanjing [Nanking]

Donnerstag, 06. Juni, werden wir erst um halb acht Uhr über das Bordradio geweckt. Unser Schiff liegt bereits im Hafen von Nanjing, einer Stadt von ungefähr 4,5 Millionen Einwohnern. Bereits morgens ist es sehr warm, im Laufe des Tages steigt die Temperatur auf über 30 °C. Wegen der hohen Temperaturen im Sommer werde Nanjing auch als »Ofenstadt« bezeichnet, erklärt unsere örtliche Guide.

Um 9.00 Uhr fahren wir mit dem Bus durch das alte steinerne Stadttor und dann eine Zeit lang parallel zur »größten Stadtmauer der Welt«, die aus dem 14. Jahrhundert stammt. Sie ist 12 Meter hoch und über 30 km lang. Rote Lampions schmücken die graue Mauer.

Unser erstes Ausflugsziel ist das Mausoleum des Dr. Sun Yat-sen, dem Gründer der Revolutionspartei Kuomintang; nach der Revolution wurde er 1912 Präsident der Übergangsregierung. In China sind seine Schriften über die Staatstheorie sehr populär, und offenbar wird er immer noch – oder vielleicht schon wieder – sehr verehrt. Sein Mausoleum liegt in einer ausgedehnten Parkanlage.

Wir fahren auf einer gepflegten schmalen Straße eine ganze Weile durch dieses Gebiet, das an unsere europäischen Wälder erinnert, wenn auch die Bäume hier Platanen, Himalaja-Zedern und Winterkirschen sind. Soldaten in Tarnanzügen sind gerade mit Baumfällen und anderen Waldarbeiten beschäftigt. Uns begegnen nur wenige Fahrzeuge, obwohl es später auf dem Gelände des eigentlichen Mausoleums sehr belebt ist. Zahlreiche chinesische Touristen suchen gleich uns diesen Ort auf.

Das 73 m hohe Mausoleum liegt auf einem Hügel, zu dem exakt 392 Stufen führen. Und zum bewaldeten Hügel selbst muss man auch noch etliche ungezählte Stufen bewältigen, die sich mit ebenen Strecken abwechseln. Entschlossen machen wir uns daran, die Treppen zu erklimmen. Sie weisen eine unterschiedliche Anzahl von Stufen auf, um zwischendurch immer wieder in eine Plattform überzugehen. Von oben sieht man dann nur die Plattformen, so dass aus dieser Perspektive die Anzahl der Stufen viel geringer erscheint.

Im Mausoleum betrachten wir in einer Gedenkhalle den Marmorsarkophag, auf dessen Deckel die ebenfalls in Marmor gehauene Figur des Dr. Sun Yat-sen ruht. Nach Besichtigung weiterer Räume – auch eine Mao-Statue entdecken wir hier – gehen wir wieder treppab. In einem der Kioske, die die Treppen säumen, kaufe ich eine Schachtel Zigaretten der Marke Rote Pagode, die in etwa westlichem Geschmack entspricht. Offensichtlich haben die Händler das Prinzip der freien Markwirtschaft bereits begriffen, denn oben muss man für die Zigaretten mehr bezahlen als am Fuß der Treppe.

Die chinesischen Touristen machen sich hier einen Spaß daraus, einen Ausländer zu bitten, sich gemeinsam mit ihnen fotografieren zu lassen. Dieser Ausländer sollte möglichst groß sein oder wenigstens einen »Bierbauch« haben, und so kommen wir also nicht in Frage. Niedlich finden wir die Kleinkinder mit ihren klaffenden Hosen, deren

Treppen zum
Mausoleum
Dr. Sun
Yat-sen

unten:
In Nanjing

durchgehende Mittelnaht offen gelassen wurde. Das hat den Vorteil, dass sie sich ohne große Umstände irgendwo hinhocken können, um ihr Geschäft zu verrichten – Windeln und Unterhosen sind damit überflüssig.

Auf einer Bank im Schatten ruhen wir uns nach dem anstrengenden Auf- und Abstieg ein wenig aus und beobachten dabei einen jungen Mann, der unermüdlich einen an einem Gummiband befestigten Tennisball mit einem Schläger in die Luft katapultiert. Freundlich bedeutet er mir, ich dürfe es auch einmal versuchen, was ich aber lächelnd ablehne. Auf dem ganzen Gelände lassen die zahlreichen Exemplare des Buku ihren Ruf ertönen. Der für uns unsichtbar bleibende Vogel ruft ähnlich wie unser Kuckuck, doch mit geringerem Intervall der beiden Töne.

Wir fahren noch zu einer Süßwasserperlenfabrik, die eher eine Verkaufsstelle ist, denn wie die Perlen bearbeitet werden, sehen wir nicht. Ein willkommener Nebeneffekt bei solchen Fabrik-Besichtigungen ist jedoch, dass man dort nicht nur die Toiletten benutzen kann (die wieder recht primitiv sind), sondern auch eine kleine Schale mit grünem Tee serviert bekommt. Wie überall in China herrscht kein Mangel an Personal. Und auch hier verfolgen uns die Angestellten wie ein Schatten auf Schritt und Tritt. Sobald sie bemerken, dass man einen bestimmten ausgestellten Gegenstand mit flüchtigem Blick streift, erklären sie eilfertig dessen Besonderheit.

Unser Guide Wang, neben den örtlichen Guides unser ständiger Begleiter während der gesamten Reise, erklärt uns, wie diese Süßwasserperlen gewonnen werden: Eine ungefähr Männerhand große Auster wird im Alter von acht Jahren vorsichtig geöffnet und »geimpft«. Nach zwei bis drei Jahren weiterer Hälterung in Bassins wird sie aufgeschlagen. Jetzt können ungefähr 25 Perlen je Muschel geerntet werden. In unserem Beisein wird dies praktiziert: Mit einem scharfen Messer wird eine Auster geöffnet, und die Perlen liegen zu beiden Seiten im Muschelfleisch. Als Souvenir erhält jede Dame unserer Gruppe eine dieser Perlen.

Mittags fahren wir wieder in ein Hotel, wo wir in dessen Restaurant das übliche chinesische Essen erhalten. Danach steht uns der Besuch der Altstadt bevor. Wang ist in Nanjing zu Hause und zeigt uns voller Stolz seine Heimatstadt.

»Japaner sollten sich hier allerdings nicht blicken lassen!«, warnt er und erklärt auch, warum: »1937 haben sie nach Eroberung der Stadt hemmungslos gewütet und beim sogenannten ›Massaker von Nanjing‹ rd. 300.000 Menschen brutal ermordet. Damals hatte der deutsche Kaufmann John Rabe zahlreiche Menschenleben gerettet. Ihm wurde später eine Gedenkstätte errichtet. Seine Lebensgeschichte und sein mutiger Einsatz, großen

Teilen der Stadtbevölkerung Schutz vor den Japanern zu bieten, ist Stoff im Schulunterricht.[1]

In dem ansonsten mit modernen Gebäuden bestückten Nanjing befindet sich tatsächlich noch eine intakte Altstadt, die auch so erhalten werden und höchstens restauriert werden soll. Dorthin gehen wir über eine Brücke, die einen Nebenarm des Jangtse überquert und mit roten Lampions dekoriert ist. Die alte Stadtmauer schmücken rotgoldene Lampions und außerdem eine gelbrote Drachenfigur, die böse Geister und Dämonen abwehren soll. Die ganze Altstadt wirkt sehr bunt: das rotbraune Ehrentor mit blauem Ziegeldach, die bunten Holzgeländer und Bänke sowie im Wasser die gelben und roten Tret- und anderen Boote. Eine Gruppe Rikschamänner in knallgelben Polyesteranzügen wartet auf Kundschaft. Überall in den Straßen hängen die typischen roten oder rotgoldenen Lampions.

Wir besuchen den Vogel- und Blumenmarkt, wo es nicht nur die genannten Dinge gibt, sondern

---

[1] Der gebürtige Hamburger John Rabe hatte 1937 sein Grundstück in Nanjing als »Rote-Kreuz-Zone« erklären lassen. Zum Schutz vor japanischen Bombern hatte er außerdem eine riesige Hakenkreuzfahne auf einem Schuppendach ausgebreitet. Dies in der berechtigten Hoffnung, die Japaner würden Eigentum ihrer deutschen Verbündeten nicht bombardieren. Zu dieser Zeit lebten rd. 600 Chinesen in seinem Garten, Hunderttausend konnten sich nach der Besetzung durch die Japaner auf das Grundstück retten. John Rabe kehrte Ende 1938 nach Hamburg zurück.

in winzigen Drahtkäfigen gehaltene weiße Kaninchen, Springmäuse und Streifenhörnchen. Kleine und große lebende Maden, Heuschrecken u. Ä. werden als Tierfutter verkauft. Welpen verschiedener Rassen drängen sich gemeinsam in engen Körben. Auch junge Kätzchen könnte man erwerben. Diese Tiere werden nicht – wie wir anfangs vermuten – als Nahrungsmittel, sondern als Haustiere angeboten. Aber wirklich nur fürs Haus. Behördlicherseits gibt es strenge Auflagen. Z. B. muss die Erlaubnis, sich einen Hund zu halten, beantragt werden, die Tiere müssen dann bestimmte Impfungen über sich ergehen lassen und regelmäßig der Veterinärbehörde vorgeführt werden. Auch unterliegt die Hundehaltung einer erheblichen Steuer. Vermutlich deshalb haben wir im Laufe unserer gesamten Reise bis auf zwei weiße Pekinesen keine Hunde auf den Straßen gesehen.

Auf diesem Markt, auf dem es allerdings kaum frische, sondern hauptsächlich künstliche Blumen gibt, spazieren wir ein wenig herum, das heißt, wir zwängen uns durchs Gewühl oder lassen uns schieben, berieselt von westlicher Popmusik aus den Lautsprechern der verschiedenen Verkaufsstände und Läden. Ich bin auf der Suche nach T-Shirts für die Enkel, aber in den vielen kleinen Verkaufsbuden und auch in den festen Läden sehen wir ausschließlich westliche Importartikel bzw. deren chinesische Imitate. Doch wir finden schließlich ein McDonald's-Restaurant, in dem wir einen recht guten Kaffee trinken

Später fahren wir zur berühmtesten Brücke über den Jangtse. Sie ist 6.772 m lang und wurde in den Jahren 1960 –1968 gebaut. Dies anfangs noch mit Hilfe russischer Techniker und Konstrukteure. Doch inzwischen waren die Beziehungen zwischen der VR China und der Sowjetunion abgekühlt, und so zog Letztere ihre Leute samt Maschinen wieder ab. China musste nun den begonnenen Bau in Eigenregie fertigstellen. Und zwar überwiegend mit Menschenkraft und in Handarbeit, denn damals verfügte man im Lande noch kaum über eigene moderne technische Hilfsmittel. Einzelheiten hierüber hören wir später in einem Kurzvortrag im Demonstrationsraum im Brückenturm. Dorthin gelangen wir über eine Zufahrtsstraße. Im Turm fahren wir später noch per Lift 60 m hoch zu einer Aussichtsplattform. Es ist diesig und auch ohne Sonne recht warm, auf der Plattform weht jedoch ein kühler Wind. Von hier oben beobachten wir den lebhaften Verkehr über die Brücke, deren Ende bereits im Dunst verschwindet. Unterhalb und neben der Brückenauffahrt sind auf großen Flächen schöne Grünanlagen zu sehen.

Wir konnten Karten für ein abendliches Konzert mit traditioneller chinesischer Volksmusik bestellen. Nach dem Essen an Bord fahren wir mit einem

Nanjing: Jangtse-Brücke (6.772 m lang)

Nanjing: Alte Brücke

40

Bus dorthin, und zwar wieder quer durch die ganze Stadt, die in der Dunkelheit mit ihrer fantasievollen Beleuchtung, den Lichtreklamen und -objekten sehr hübsch wirkt. Das Sheraton-Hotel hat zum Beispiel einen röhrenförmigen gläsernen Aufgang, dessen Dach mit Lichtbögen von innen beleuchtet wird. Und wie in Shanghai gibt es auch hier die ungefähr fünf bis sechs Meter hohen, flirrenden Lichtobjekte, die Palmen darstellen sollen, mich aber eher an Staubwedel denken lassen. Und ebenfalls streichen von einem Skyscraper gebündelte bunte Laserstrahlen durch die Dunkelheit. Immer noch sind viele Radfahrer unterwegs, die unbeleuchtet todesmutig Kreuzungen diagonal überqueren. Auch die Fußgänger verhalten sich recht leichtsinnig, und wir wundern uns, dass nichts passiert. Unser Busfahrer zeigt jedenfalls, dass er sehr reaktionsschnell ist und der Bus hervorragende Bremsen besitzt.

Das Konzert findet in einem kleinen Theater mit Platz für ungefähr 60 Personen statt. Außer uns sind eine amerikanische Reisegruppe anwesend und einige Chinesen. Dieses Konzert, bei dem ich vorher wegen der uns fremd klingenden Musik etwas Bedenken hatte, ist wirklich angenehm zu hören und für uns ein wunderbarer Abschluss des Tages. Die Instrumente sind Bronzeglocken, ein Gong, verschiedene chinesische Blasinstrumente, darunter auch die Sheng. Letztere ist eine aus mehreren Klangröhren »gebündelte« Flöte, die beim Spiel aufrecht vor der Brust gehalten wird und polyphone Klänge hervorbringen kann. Außerdem eine chinesische Violine mit nur zwei Saiten, eine Art Zither, eine chinesische Laute und ein chinesisches Tasteninstrument, dessen Klang dem einer Celesta ähnelt. Das Konzert, in dem nacheinander die verschiedenen Instrumentalisten auch solistisch auftreten, dauert mit einer Pause etwa eineinhalb Stunden. Danach und nach dem ereignisreichen Tag sind wir aber auch rechtschaffen müde, und als wir wieder an Bord sind, wanken wir schlaftrunken ins Bett.

Ein Tag auf dem Fluss

Am 08. Juni können wir uns von den Anstrengungen etwas erholen, denn diesen Tag verbringen wir ausschließlich auf dem Fluss. Morgens schlafen wir bis um 8.00 Uhr, und da ist es für mich bereits zu spät, auf Deck 5 an den Tai-Chi-Übungen unter Anleitung eines jungen Tai-Chi-Meisters teilzunehmen. Doch ich sehe einen Augenblick zu. So einfach, wie die langsamen Bewegungen des Schattenboxens scheinen, sind sie allerdings nicht, gesteht mir eine jüngere Mitreisende, sie sei hinterher immer völlig erledigt. Also entscheide ich mich, auch künftig lieber etwas länger zu schlafen und den Frühsport eifrigeren Leuten zu überlassen.

Inzwischen sind wir mit den anderen Passagieren mehr oder weniger bekannt geworden. An unserem Tisch sitzen wir mit fünf deutschen Gästen zusammen. Es sind Leute, die Freude am Leben haben, sich selbst nicht so wichtig nehmen und Sinn für Humor besitzen. Wir haben es mit unseren Tischgenossen also gut getroffen. Und dieser Eindruck bestätigt sich bis zum Ende der Reise.

Heute ist es bereits morgens bei verhangenem Himmel sehr warm. Nur von Zeit zu Zeit kommt die Sonne durch den Dunst, und dann ist es draußen an Deck kaum auszuhalten. Vormittags nehmen wir deshalb an einer Brückenführung teil. Die Brücke macht einen nicht ganz so adretten Eindruck, wie wir es von anderen Schiffen kennen. Doch es wird hochkonzentriert gearbeitet, denn der Verkehr auf dem Fluss ist enorm. Auf dem Radarschirm erkennen wir die zahlreichen Schiffe, von denen sich mehrere auf Kollisionskurs zu uns bewegen. Über das einzuhaltende Ausweichmanöver verständigt sich der 1. Offizier über Funk mit dem Steuermann des Fahrzeugs, das unseren Kurs als Nächstes kreuzen wird. Oftmals muss er aber auch Signal geben, denn die kleineren Kutter und Boote verfügen weder über Sprechfunk noch Radar.

Anschließend höre ich einen interessanten Vortrag der »Chefmasseurin« über Fußreflexzonenmassage, die an Bord für umgerechnet 70 DM pro Sitzung angeboten wird. Das und auch eine Ganzkörpermassage für 140 DM finde ich überteuert. Auch sonst sind die Preise an Bord sehr hoch, zum Beispiel kostet ein Espresso im Coffee Shop auf dem 5. Deck umgerechnet 7 DM!

Nachmittags gehen Heinrich und ich zu einem Vortrag über chinesische Schriftzeichen und Sprache, den unser chinesischer Cruise Director Yi Z. hält. Yi hat in Hannover studiert, wo er inzwischen auch arbeitet, und zwar als Angestellter bei einem Reiseunternehmen; er besitzt die deutsche Staatsangehörigkeit. Am Ende unserer Reise gesteht er mir freimütig, nach vierzig Tagen Einsatz an Bord habe er genug und freue sich wieder auf Zuhause. »Und wo ist das?«, frage ich. – »In Hannover natürlich!«

Der Tag auf dem Fluss, dessen Wasser durchgehend eine lehmig-braune Färbung hat, ist durchaus nicht langweilig. Allein die vielen rostigen Lastkähne mit ihren Schuten, denen wir begegnen, sind sehens- und oft auch fotografierenswert. Meistens sind sie mit Kohlen, Holz, Steinen, Sand oder Zement beladen und liegen tief im Wasser. Malerisch ist das zunächst noch flache Ufer. Hin und wieder ist es mit Bäumen bewachsen, an einigen Plätzen stehen Wohnhäuschen. Im Hintergrund sind schnurgerade Baumreihen zu erkennen, die offenbar Straßen säumen. Wir passieren kleinere, mit Buschwerk bewachsene Inseln sowie langge-streckte Sandbänke. Mittags tauchen an unserer Backbordseite in einiger Entfernung die ersten Hügelketten auf, und während des Abendessens fahren wir an Steilküsten mit rötlich schimmernden Erdabbrüchen vorbei. Später passieren wir einen kegelförmigen Felsen, an dem ein Kloster »klebt«, und auf dem sich ganz oben auf dem Gipfel eine mehrstöckige Pagode erhebt.

An diesem lauen Abend sitzen wir draußen auf dem 3. Deck. Wir sehen jetzt auf ihrer ganzen Flä-che mit Bambus bewachsene Inseln und mit Stei-nen übersäte Strände, auf denen Bauern ihre Was-serbüffel zur Tränke führen. Viele Fischerboote sind unterwegs. Bald tauchen an beiden Ufern größere Ansiedlungen mit qualmenden Fabrik-schornsteinen auf. Allmählich nimmt die Fahr-zeugdichte auf dem Fluss noch weiter zu, es wird dunkel und unser Schiff geht eine Zeit lang vor Anker. Wir flüchten nach drinnen, denn jetzt be-ginnt draußen die Insektenplage.

Jiujiang

Sonnabend, 09. Juni, liegt die SPLENDID CHINA im Hafen von Jiujiang. Wieder ist es mit 30 °C ein recht warmer Morgen. Dazu herrscht bei bedeck-tem Himmel eine sehr hohe Luftfeuchtigkeit.

Bereits um 8.00 Uhr starten wir zu unserem Ausflug ins Lu Shan, das Lu-Gebirge. Heute sitzen wir auf der letzten Bank im Bus, der zum Glück einigermaßen komfortabel ist. Doch der Straßenzustand lässt zu wünschen übrig, immer wieder werden wir ordentlich durchgeschüttelt. Wir kommen durch das alte und das moderne Jiujiang – nach chinesischen Maßstäben eine Klein-, nach unseren jedoch eine Großstadt. Auf den Hauptverkehrsstraßen, die streckenweise mit Wacholderbäumen gesäumt sind, herrscht lebhafter Verkehr.

Nach kurzer Zeit gelangen wir auf schmalere Straßen und durchfahren dann auf Kopfsteinpflaster ein dicht bebautes Dorf mit armselig aussehenden Häusern. Davor sind Frauen beim Wäschewaschen, Hühner laufen herum. In den Gärten wachsen Gurken und Stangenbohnen. Wasserbüffel grasen auf einer Weide, auf einem Markt werden Geflügel, Fische, Gemüse, Obst und Eier angeboten, es gibt sogar einen kleinen Supermarkt. Wir kommen an Reisfeldern vorbei, und oberhalb des Dorfes werfen wir einen Blick hinunter auf ein großes Gebiet mit terrassenförmig angelegten Reisfeldern, die mit braunem Wasser bedeckt sind. Wasserreis wird diese traditionelle Anbauart genannt.

Oberhalb des Dorfes liegt auf einem hügeligen Gelände der alte Friedhof. Auf unzähligen Erdgräbern steht jeweils ein knapp mannshohes, steinernes Tor mit einem Ziegeldach. Doch der Friedhof und die Gräber sind mit Grün überwuchert und die Tore zum großen Teil verfallen. Erdbestattungen sind offiziell nicht mehr erlaubt. Das bedeutet allerdings nicht, dass reiche Bürger oder auch Bauern auf ihrem Land sich unbedingt daran halten. Während wir vor dem Friedhof herumwandern, geht gerade eine Trauerzeremonie zu Ende. Knallfrösche werden gezündet, und im Gebüsch verborgene Trompeter und Trommler spielen eine getragene Melodie, die an den frühen New Orleans Blues erinnert.

Bald beginnt es zu regnen. In Serpentinen mit engen Kehren fahren wir jetzt eine 36 km lange Strecke bergauf. Unser örtlicher Guide erzählt dazu eine Anekdote: Mao, der ein starker Raucher war, habe anlässlich einer Bergfahrt anhand der während dieser Zeit gerauchten Zigaretten die Anzahl der Kehren ermittelt und sei auf genau 400 gekommen. Nachgeprüft wurde die unwahrscheinlich anmutende Rechnung des Großen Vorsitzenden allerdings nie. – Unterwegs legen wir einen kurzen Stopp bei einer Plantage ein, auf welcher der kostbare Wolkennebeltee angebaut wird. Ein gelbrotes Ehrentor führt zu diesem Gelände mit den ungefähr einen Meter hohen Teebüschen.

Im kleinen gepflegten Kurort Guling setzt uns der Bus ab, und wir beginnen mit der Wanderung.

47

Auf dem Weg zum Lu Shan-Gebirge: Alter Friedhof

Bergwanderung im Lu-Shan

Hier befinden wir uns auf 1.167 m Höhe, die höchste Erhebung des Lu Shan misst 1.474 m. Gleich uns sind viele Leute auf den schmalen, felsigen Pfaden unterwegs, so dass wir uns in einer Gänsemarschprozession von Wanderern in bunter Regenkleidung oder mit aufgespannten Schirmen vorwärts bewegen. Inmitten der chinesischen Touristen fallen wir »Langnasen« natürlich auf, man betrachtet uns jedoch durchaus wohlwollend. Häufig führen in den Fels gehauene, jetzt nasse und glitschige Stufen zum Überwinden von Schluchten bergab und wieder bergauf. An zahlreichen, zum Teil ungesicherten Aussichtspunkten warnen sogar auf Englisch Schilder: »Please be careful!«, denn die bewaldeten Felsen fallen gefährlich steil ab. Diese Aussichtspunkte sollen früher für Signalfeuer vorgesehen gewesen sein. In der Sage von der »Prinzessin ohne Lachen« spielen sie eine Rolle. Hier folgt meine Fassung der Geschichte, so wie ich sie im Gedächtnis behalten habe:

»Ein anmutiges Mädchen wuchs zu einer wunderschönen Frau heran, die der über dieses Land herrschende Kaiser zu einer seiner Konkubinen nahm. Bald verfiel er in so große Liebe zu ihr, dass er sie zu seiner Hauptfrau und Prinzessin machte und die rechtmäßige Kaiserin verstieß. Die Prinzessin bereitete ihm alle Wonnen der Liebe, und er überschüttete sie dafür mit kostbaren Geschenken. Nur eines bedrückte ihn: Seine Geliebte lachte niemals. Er versuchte alles, um ein Lächeln auf ihr Antlitz zu zaubern, ließ Narren, Gaukler und Spaßmacher an den Hof kommen. Aber vergeblich, das schöne Antlitz der Prinzessin blieb ernst! ›Gibt es denn gar nichts, was dich zum Lachen bringen könnte?‹, fragte er verzweifelt. Lange dachte sie nach, bevor sie antwortete: ›Es würde mir Freude bereiten, wenn mein Gebieter einmal die Signalfeuer im Lu Shan entzünden würde.‹ Die Feuer dienten dazu, Heere benachbarter Fürsten zu Hilfe zu rufen, falls Barbaren in das Reich des Kaisers einfielen. Er zögerte, ihrem Wunsch zu folgen, doch dann siegte sein Verlangen, die Prinzessin endlich einmal lachen zu sehen.

Also befahl er seinen Leuten, nachts die Feuer zu entzünden. Von den Bergen leuchteten sie weit ins Land hinaus und über dessen Grenzen hinweg. Die befreundeten Fürsten schickten ihre Heere, um dem Kaiser beizustehen im Kampf gegen die Barbaren. Die schöne Prinzessin stand auf dem höchsten Berg des Lu Shan und betrachtete die Feuer. Als sie die von allen Seiten herannahenden Krieger sah, die vergeblich nach Feinden Ausschau hielten und dann vom Kaiser wieder fortgeschickt wurden, verzog sich ihr Gesicht und sie begann zu lachen. Der Kaiser sah dies mit Wohlgefallen. Aber bald wurde er nachdenklich und er erkannte, dass es das Lachen der Schadenfreude war. Einige Zeit später fielen tatsächlich Barbaren ins Land ein. Um Hilfe

herbeizurufen, ließ der Kaiser die Signalfeuer entzünden. Doch niemand kam, denn die Nachbar-
fürsten hielten dies wieder für eine Narretei. Der
Kaiser und seine schöne Prinzessin wurden von
den Barbaren vom Hofe gejagt und fristeten fortan
ihr Leben in einer armseligen Hütte.«

Zum Glück lässt der Regen bald ein wenig
nach, wenn es auch noch feucht von den Bäumen
tropft. Auf halber Strecke ruhen wir uns auf einem
Rastplatz ein wenig aus. Hier rauscht ein Wasserfall den Berg hinunter, und hier gibt es auch einen
Kiosk und primitive Toiletten. In einem steinernen
Pavillon zeigt ein Großvater seiner staunenden,
etwa dreijährigen Enkelin die Langnasen und uns
Langnasen stolz seine kleine Deern. Nach ungefähr
zwei Stunden Wanderung in feuchter Bergluft und
bei vor Anstrengung inzwischen auch von innen
feuchter Regenjacke endet der Rundweg wieder in
Guling. In einem »einfachen Restaurant« nehmen
wir unser Mittagessen ein. Das Essen ist allerdings
durchaus nicht einfach, sondern besonders ab-
wechslungsreich und wohlschmeckend.

Vorher machen wir aber noch einen kurzen
Umweg zum ehemaligen Sommersitz von Mao
Tse-tung. Der Besuch dieses jetzt als Museum
hergerichteten Hauses ist in unseren Augen ziemlich überflüssig. Es liegt am Berghang in einem
Park mit hohen Bäumen, die an sonnigen Tagen
vermutlich für willkommenen Schatten sorgen.

Doch heute ist es trübe, angeblich ist auch noch der Strom ausgefallen. Und so wandeln wir mittags um 12.00 Uhr im Zwielicht durch die riesigen, hohen Gemächer des ehemaligen Großen Vorsitzenden und besichtigen sogar sein Badezimmer samt WC. An den Wänden der Räume und an Extrastellwänden hängen Fotos, auf denen im Halbdunkel so gut wie nichts zu erkennen ist. Sie sollen Mao bei historischen Anlässen mit verschiedenen in- und ausländischen Politikern und Staatsmännern zeigen. Das Gebäude macht einen etwas heruntergekommenen und an diesem grauen Regentag auch trostlosen Eindruck.

Nach dem Mittagessen in Guling spazieren Heinrich und ich in dem kleinen Kurort mit immerhin 20.000 Einwohnern die Hauptstraße einmal rauf und runter und sehen in die Geschäfte. Ich bin auf der Suche nach Nescafé, damit wir uns an Bord einen Early-morning Coffee bereiten können, habe allerdings keinen Erfolg. Doch Heinrich wird fündig bei der Suche nach chinesischem Brandy. Beflissen eilen die Verkäuferinnen hin und her und freuen sich offensichtlich, an einer Langnase etwas verdient zu haben.

Auf dem Weg zurück zum Ortszentrum beginnt es plötzlich wie aus Eimern zu schütten. Wir stellen uns vor dem Fenster einer Teestube unter das schützende Dach, um den Regenschauer abzuwarten. Aber er hört und hört nicht auf, wahre Sturzbäche rauschen die abschüssige Straße hinunter! Da wir mit unseren Rücken längere Zeit das Fenster der Teestube verdunkelt haben, entschließen wir uns, höflicherweise jetzt dort auch einzukehren. Außer dem Wirt, der eine Zeitung liest, sind wir die einzigen Gäste. Tee steht schon in Porzellankannen bereit. Wie üblich ist es grüner Tee, aber eigentlich besteht er nur aus heißem Wasser, in dem ein paar Blätter schwimmen. Wir sitzen an einem runden Tisch, über dessen Stoffdecke ein Stück durchsichtiges Plastik gezogen und an zwei Seiten verknotet wurde.

Nach einer halben Stunde lässt der Regen etwas nach, wir wollen aufbrechen und bezahlen. Mit seinem Portemonnaie winkt Heinrich dem Serviermädchen, das sich im Hintergrund mit zwei kichernden Freundinnen unterhält, die gleich nach uns neugierig hereingekommen sind. Mit ernsthafter Miene und abwehrender Bewegung beider Hände bedeutet die junge Frau ihm jetzt, wir seien eingeladen gewesen. Gerührt über die uns »reichen« Ausländern gewährte Gastfreundschaft verabschieden wir uns. Nachträglich frage ich mich, ob die freundliche Geste mit den uns von der Kreuzfahrtleitung geschenkten T-Shirts zu tun hat, die wir heute tragen: Auf deren Vorderseite ist ein Schiff abgebildet, auf der Rückseite steht »THE SPLENDID CHINA«.

Wir schlendern zu unserem Treffpunkt, um später zur vereinbarten Zeit mit den anderen zum Busparkplatz zu gehen. Vor einem Geschäft sitzt Guide Wang auf einem Stuhl und berät Mitglieder unserer Gruppe bei ihren Einkäufen. »Hier kriege ich 3 % Provision«, gesteht er freimütig, so wie er dies bereits in der Süßwasserperlenfabrik in Nanjing getan hatte. Er ist wirklich ein cleveres Bürschchen! Dazu gehört auch, dass er uns gleich nach der Ankunft auf dem Flughafen in Shanghai anbot, unsere DM in Yuan einzutauschen. Den Gegenwert für jeweils 100 DM trägt er in bereits fertigen Packen mit sich herum. »Hat die Bank heute geöffnet?«, frage ich ihn gelegentlich auf unseren Ausflügen. »Selbstverständlich!«, lautet die Antwort, während er schon in seine Gürteltasche greift, um das Yuan-Bündel herauszuholen.

Heinrich fragt ihn jetzt nach der nächsten öffentlichen Toilette, worauf Wang eine junge Verkäuferin herbeiwinkt und kurz etwas mit ihr beredet. Während ich mich ein Stück entfernt davon mit einigen Mitpassagieren unterhalte, sehe ich plötzlich Heinrich in Begleitung einer schönen jungen Chinesin mit eiligen Schritten losmarschieren und mit mir unbekanntem Ziel verschwinden.

»Ich wollte ja nur den Weg zum Klo wissen«, berichtet er anschließend begeistert über diesen perfekten Service. »Aber die junge Dame führte mich bis direkt vor die Tür, wartete davor sogar noch auf mich, um mich dann wieder zurückzubegleiten!«

Später während der Busfahrt beginnt es erneut heftig zu regnen. Der Fahrer hat eine Werbefilmkassette über China in den vorn hängenden Videorecorder geschoben. Aber wir sind müde, schließen die Augen, und während wir auf der letzten Sitzbank ab und zu unfreiwillig auf- und niederhüpfen, nicke ich sogar für ein Weilchen ein. Kurz nach 17.00 Uhr erreichen wir die Anlegestelle der SPLENDID CHINA. Hier unten in der Ebene ist es brütend heiß, obwohl es noch ein wenig regnet, aber sicher sind es inzwischen weit mehr als 30 °C.

Nach dem Abendessen lauschen wir einem Vortrag unseres Bordarztes Dr. Luo über TCM, als Übersetzer fungiert wieder unser unermüdlicher Wang. Über die traditionelle chinesische Medizin erfahren wir heute allerdings nichts Neues. Unsere Tischgenossen D. und F. haben sich bereits für viel Geld von ihm akupunktieren lassen. Doch inzwischen ist ihre anfängliche Euphorie über den verblüffenden Heilerfolg verflogen, denn die Schmerzen sind zurückgekehrt. Dr. Luo hat seine Praxis auf dem Hauptdeck. Freundlich grüßend steht er dort bei weit geöffneter Tür, wenn wir auf dem Weg ins Restaurant an ihm vorbei müssen. Mich beschleicht jedes Mal das Gefühl, er mustere mich abschätzend und denke dabei: Warte nur, auch du kommst noch zur Akupunktur angekrochen!

Wuhan

Am 10. Juni morgens erreicht die SPLENDID CHINA Wuhan, hier mündet der bedeutendste Nebenfluss Hanshui in den Jangtse. Wuhan mit ca. 7,2 Mio. Einwohnern ist der Name der drei zu einer politischen Einheit zusammengefassten Städte Wuchang, Hanou und Hanyang.

Als wir um 8.30 Uhr zu unserer Rundfahrt aufbrechen, regnet es immer noch, und nach der Wettervorhersage soll es damit auch den ganzen Tag nicht aufhören.

Was uns als Erstes in dieser Stadt auffällt, ist das viele Grün. Unsere örtliche Guide erklärt, dies hänge mit der Empfehlung eines deutschen Beraters zusammen, der bei der Modernisierung des größten örtlichen Stahlwerks mitgewirkt hatte. Bereits 1995 hätte er angeregt, mehr Bäume zu pflanzen, um das Klima und damit die Luft zu verbessern. Damals habe man noch nicht verstanden, was damit eigentlich genau gemeint war. Aber inzwischen sei man auch hier dem Umweltgedanken gegenüber aufgeschlossen und folge dem gegebenen Rat. Viele Blumen schmücken ebenfalls die Stadt, die Hauptverkehrsstraßen sind streckenweise von ihnen gesäumt, und bunte Blumenbeete leuchten auf den ausgedehnten und sehr gepflegten Grünanlagen.

Und auch hier werden rücksichtslos alte Wohnviertel abgerissen, und zwar überwiegend in Handarbeit. Mauersteine werden von Mörtel befreit und zur Wiederverwendung gestapelt. Manchmal sehen wir Leute durch die Trümmer ziehen auf der Suche nach noch Verwertbarem. Hinter einigen dieser abgerissenen Häuserreihen stehen schon die neuen Prachtbauten der Banken, Versicherungen, Hotelketten sowie Appartementblocks. In den Letzteren, auch »Wohlstandshäuser« genannt, können sich nur die Reichen eine Wohnung leisten. Etliche dieser Komplexe mit Eigentumswohnungen wurden und werden auf Vorrat gebaut und stehen daher leer. »Das ist gut«, meint Wang etwas naiv, »denn wenn die Leute bald mehr verdienen, können sie gleich in eine neue Wohnung einziehen.« Aber genau wie in den anderen Städten sehen wir auch einzelne halbfertige Gebäude, bei denen die Bauherren sich finanziell übernommen haben. In einigen dieser aufgegebenen Betonskelette flattert Wäsche; vermutlich hausen hier tatsächlich Familien.

Der Straßenverkehr ist sehr lebhaft und für uns Mitteleuropäer ausgesprochen aufregend zu beobachten, denn in China werden Verkehrszeichen im Allgemeinen nur beachtet, wenn ein Polizist in der Nähe ist. Trotzdem scheint meistens alles ohne größere Probleme zu funktionieren, da jeder Teilnehmer mit dem chaotischen Verhalten der anderen rechnet. Dazwischen, zum Teil wieder auf separaten Bahnen, bewegen sich Rad-, Rikscha-, Moped- und Rollerfahrer. Besonders die Radfahrer transportieren riesige Lasten. Oft ziehen sie einen kleinen zweirädrigen Anhänger, auf dem bis zu vier schlanke Asiaten auf Schemeln hocken. »Die besten Fahrräder sind schwarz und ohne Gänge«, erklärt unsere Guide, »denn die seltenen modernen Räder werden viel eher geklaut!«

Wir befahren die älteste Straßen- und Eisenbahnbrücke über den Jangtse, die 1957 mit Hilfe der Sowjetunion und deren Techniker gebaut wurde. Sie ist 1.670 m lang, über 20 m breit und verbindet zwei der ehemaligen Einzelstädte.

»Besuch des Provinzmuseums« ist unser erster Programmpunkt. Museen gehören auf unseren Reisen nicht unbedingt zu meinen Lieblingszielen. Doch an einem regnerischen Tag haben sie auch für mich ihren Reiz. In diesem modernen Neubau werden der Zhou-Dynastie (1122 – 249 v. Chr.) zugeordnete Sarkophage ausgestellt, die wie aus Holz gezimmerte Container aussehen, sowie darin gefundene Objekte: geschmiedete, gegossene und aus Holz oder Jade geschnitzte Gegenstände, überwiegend aus der Blütezeit der Zhou-Periode (700 – 470 v. Chr.). Besonders interessant ist z. B. der »Rote Phönix«, die Bronzeskulptur des Fabeltiers, ein Vogel mit langem Hals und Hirschgeweih. In einer anderen Abteilung werden historische Musikinstrumente gezeigt, darunter ein tonnenschweres Glockenspiel aus Klang*steinen*. In weiteren Räumen sehen wir bemalte Lackarbeiten aus Holz. Trotz des Sonntags sind Schulklassen unterwegs. Mutige Kinder fragen uns auf Englisch, woher wir kommen oder wie spät es ist und kichern vor verlegener Freude über unsere Antworten.

Im Museumsshop kaufe ich für je 100 Yuan zwei lackierte und mit traditionellen Motiven bemalte Holzkästchen als Mitbringsel für unsere Enkelinnen. Anschließend verlassen wir das Gebäude und spazieren hinüber zu einem »Friendship Shop«. Hier entdecke ich die gleichen Kästchen 20 Yuan billiger. Die beflissene Bedienung bemerkt sofort mein Interesse und will mir gleich eines verkaufen. Als ich den Kopf schüttele, schlägt sie lächelnd vor: »You can make the price!« und schreibt: »50« auf einen Zettel. Ich schreibe »40« darunter, und für diesen Preis kaufe ich nun doch noch ein rundes Holzdöschen. Eigentlich haben wir den Laden aber nur betreten, da wir auf der Suche nach einer Tasse Kaffee oder Tee sind. Nun – nach meinem Kauf – wird uns je eine Schale grüner Tee gereicht, den wir geruhsam in einem Nebenraum sitzend schlürfen.

Natürlich stimmen auch hier die Wettervorhersagen nicht, und als wir den nächsten Besichtigungspunkt erreichen, den »Turm des gelben Kranichs«, hat es aufgehört zu regnen. Doch es ist

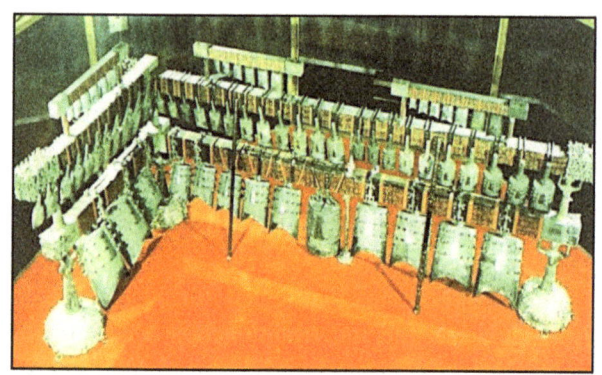

Wuhan, Provinzmuseum: Steinglockenspiel

Wuhan: Gelber Kranichturm

dunstig und dabei sehr schwül, vorsichtshalber halte ich den Regenschirm in Bereitschaft. Um den 50 m hohen, pagodenähnlichen Turm rankt sich natürlich eine Legende:

»Ein armer Mann konnte die gerade genossene Mahlzeit nicht bezahlen, und da der Gastwirt ein mitfühlendes Herz hatte, erließ er ihm die Zeche. Am nächsten Tag kam der Mann wieder. Und wieder konnte er sein Essen nicht bezahlen, sodass der Wirt ihm erneut nichts berechnete. Dies wiederholte sich über längere Zeit. Eines Tages sagte der arme Mann: ›Ich gehe nun von fort von hier. Aber zum Dank für deine Gastfreundschaft werde ich ein Bild für dich malen.‹ Er malte einen gelben Kranich auf die Wand der Gaststube. Es war eine wunderschöne Zeichnung, und bald kamen viele Leute – auch von weither –, um sie zu bewundern. Manchmal hüpfte der Kranich sogar von der Wand herunter, um zu tanzen! Durch diese zahlreichen Gäste, die auch stets eine Zeche machten, gelangte der Wirt zu Wohlstand.

Nach etlichen Jahren kehrte der arme Mann zurück. Als er den Wohlstand bemerkte, sagte er zum Wirt: ›Inzwischen habe ich gewiss genug für die bei dir genossenen Mahlzeiten bezahlt, meinen Kranich brauchst du jetzt nicht mehr.‹ Er klatschte in die Hände, worauf der Vogel auf dem Wandbild seine Flügel ausbreitete und davonflog. Zum Andenken an den gelben Kranich und als Dank für den durch ihn erlangten Reichtum errichtete der Wirt auf dem bewaldeten Schlangenhügel den Kranich-Turm.«

Um diese gepflegten Anlage zu betreten, müssen Eintrittskarten gekauft und danach viele Stufen bewältigt werden. Auf halber Höhe gelangen wir zu einem Platz, auf dem in einem nach allen Seiten offenen Tempel eine riesige Glocke hängt. Später kommen wir an einem Teich mit Springbrunnen und an Skulpturen aus durchlöchertem Felsgestein vorbei. Bevor wir mit dem Lift in den 5. Stock des Turms fahren, bezahlen wir an einer Extrakasse nochmals 1 Yuan. Trotz des dunstigen Wetters bietet sich uns dann von oben ein schöner Blick auf die Stadt mit ihren alten Dächern und neuen Bauwerken sowie auf die historische Brücke über den Jangtse und auf den hellbraunen Fluss selbst.

Nachdem wir die Holztreppen innerhalb des Turms wieder hinuntergestiegen sind, fallen mir unten einzelne chinesische Kleinkinder auf, die sich in Begleitung amerikanischer Ehepaare mittleren Alters befinden. Eine unserer Mitreisenden behauptet, die Amerikaner hätten die Kinder für 10.000 US-$ gekauft. Wang bestätigt dies. In den beiden Städten Nanjing und Wuhan werde dies tatsächlich praktiziert. Und zwar könnten amerikanische Ehepaare chinesische Waisenkinder oder Kinder, die von ihren Eltern ausgesetzt wurden, ganz offiziell kaufen. Der Preis für ein Kind liege bei 2.000 US-$. Es bestehe aber die Auflage, dass die zukünftigen Eltern während einer gewissen Zeit – ungefähr vier Wochen – zusammen mit dem Kind im Lande bleiben, um sich etwas aneinander zu gewöhnen. Auf diese Weise (Hotelaufenthalt usw.) könne der finanzielle Aufwand für ein Kind durchaus 10.000 US-$ betragen.

Mit dem Bus fahren wir quer durch die Stadt zu einem erst kürzlich eröffneten Restaurant, um dort unser Mittagessen einzunehmen. Zwei adrett uniformierte junge Frauen erwarten uns bereits vor dem Haus und führen uns in den großen, ebenerdigen Mittelraum. Dort befinden sich zu beiden Seiten mit Glasfenstern und -türen abgeteilte kleine Extrazimmer, die wie Separees zusätzlich noch Vorhänge besitzen. Jetzt sind sie leer, denn die Vorhänge sind zurückgezogen. An der Stirnseite des Saals führt an beiden Seiten je eine Treppe nach oben zu einer offenen Galerie.

Das Essen ist hervorragend und wird sehr flott serviert, zumal jedem Tisch eine eigene, überaus eifrige Kellnerin zugeteilt ist. Als Heinrich nach der Mahlzeit aufsteht und seine Blicke suchend schweifen lässt, eilt sofort eine der jungen Frauen herbei, geleitet ihn zur Treppe, geht mit ihm zur Galerie hinauf, um ihn dann bis zur Toilettentür zu führen. Das löst natürlich bei unseren Tischgenossen, die Heinrich in Guling bei ähnlicher Gelegenheit beobachtet hatten, großes Gelächter aus! Aber auch die anderen Männer erfahren diesen Dienst. Nun erwarten wir Frauen natürlich die gleiche Behandlung. Doch uns wird offenbar zugetraut – dies ist unsere Erklärung –, den Weg zum Örtchen selbst zu finden! Später führt der hervorragende Service noch dazu, dass die Restaurantchefin sich mitten auf die Fahrbahn stellt, um den Verkehr zu stoppen, damit wir unseren Bus auf der anderen Straßenseite sicher erreichen. Und als wir losfahren, haben die jungen Serviererinnen sich vor dem Restauranteingang in einer Reihe aufgestellt und winken uns freundlich lächelnd hinterher.

Jetzt steht uns noch der Besuch einer Teppichfabrik bevor, d. h. einer Abteilung, in der Teppiche tatsächlich in Handarbeit hergestellt werden. Die Firma ist halb privat, halb staatlich, denn ihr Direktor wurde vom Staat eingesetzt. Hier sehen wir junge Frauen am Webstuhl bei der Arbeit an Wandteppichen mit bildhaften Motiven. Andere knüpfen Teppiche in mühseliger Knotentechnik. An einem Webstuhl beobachten wir zwei Frauen und einen Mann, die gemeinsam einen einfarbigen Veloursteppich produzieren. Den durchgezogenen Faden schlagen sie mit einer Art Hackmesser ab. Alles geschieht blitzschnell. An einem Webstuhl, an dem ein gemusterter Veloursteppich hergestellt wird, schneidet die junge Weberin die überstehenden Fäden mit einer großen Schere ab und verwahrt die gesammelten Reste sorgfältig in der

Hand, bevor sie sie später in einen bereitstehenden Behälter wirft. Natürlich werden die ausgestellten Teppiche auch zum Verkauf angeboten. Einige liegen bereits versandfertig herum, auf einer Rolle lese ich als Zielort München, auf einer anderen Chicago. Ein sehr schöner runder, handgeknüpfter Seidenteppich von ungefähr zwei Metern Durchmesser soll umgerechnet 3.000 DM kosten, was uns preiswert erscheint.

Zur Fabrik gehört auch eine Seidenweberei und -färberei, deren Produkte im Erdgeschoss zum Verkauf ausgestellt werden. Die Muster der Stoffe entsprechen allerdings nicht meinem Geschmack, und deshalb kann ich mich auch nicht zum Kauf eines seidenen Morgenrocks mit Drachenmuster durchringen. Einer unserer Mitreisenden probiert gerade einen an. Für seine füllige und dabei große Statur reicht aber keiner aus, denn die Größen sind natürlich auf die durchschnittlich bedeutend schlankeren und kleineren Chinesen zugeschnitten. Die Fabrikationsstätte der Seidenweberei befindet sich ein Stockwerk höher und wird gerade umgerüstet. Als ich mich dort ein wenig umsehe, sind einige Männer mit Aufräumarbeiten beschäftigt, Eimer mit verschiedenen Farben stehen herum, eine Schablone für ein kompliziertes Muster liegt auf einem Tisch und es läuft eine ca. fünf Meter lange Webmaschine.

Danach haben wir eine Stunde Zeit, um uns auf

dem Straßenmarkt, einem sogenannten Freimarkt, umzusehen. Heinrich und ich schließen uns unserer örtlichen Guide an. Die ältere Frau spricht ausgezeichnet deutsch. Sie habe dies im Deutschen Institut der hiesigen Universität gelernt, beantwortet sie meine Frage. Wie die anderen örtlichen Guides war auch sie noch nie in Deutschland, und es ist wirklich erstaunlich, mit welcher Perfektion und ohne jeden Akzent sie dennoch unsere Sprache beherrscht!

Auf dem Rundgang beobachten wir ältere Leute beim Mahjongspielen. Sie sitzen draußen am Rand der Straße unter einer an vier Pfosten befestigen Plane, denn immer wieder muss mit ein paar Regentropfen gerechnet werden. Wir kommen an Garküchen vorbei und an Ständen, wo eine Art Crêpes und Spritzgebäck gebacken werden. Unsere Guide erbittet von einem der Händler ein Stück des leckeren Gebäcks, damit wir davon kosten können. Es gibt Obst- und Gemüsestände und fahrbare Minikioske von der Größe eines Bauchladens, auf denen Zigaretten, Toilettenpapier, Papiertaschentücher und anderes angeboten werden. Hier kurvt auch ein Junge auf einem der seltenen modernen Fahrräder herum. Kühn grüßt er uns: »How do you do?«

Auf dem Platz vor einem großen Gebäude fallen uns zahlreiche Leute auf, die offenbar auf etwas oder auf jemanden warten. Die meisten von ihnen stehen, aber einige haben auch die in China übliche entspannte Hockstellung eingenommen. Unbeweglich können sie längere Zeit in dieser Ruheposition verharren. Die etwas auseinander gestellten Füße stehen dabei mit ganzer Fläche auf dem Boden, und um das Gleichgewicht zu halten, wird der Oberkörper schräg nach vorn verlagert, die angewinkelten Arme ruhen auf den Knien. »Das sind alles Eltern«, erklärt unsere Guide, »deren Kinder legen heute in dem Gebäude eine Prüfung ab.« In diesen Tagen finden in ganz China Aufnahmeprüfungen für die weiterführenden Schulen sowie für die Universitäten statt.

Um 15.30 Uhr sind wir zurück an Bord, gerade noch rechtzeitig vorm festgesetzten Ablegetermin. Abends bietet uns die Besatzung wieder eine Show. Crew-Mitglieder führen die verschiedenen auf dem Schiff üblichen Uniformen vor. Sie bewegen sich dabei wie auf einer westlichen Modenschau, drehen sich, schreiten elegant und mit »professionell« ausdruckslosen Gesichtern vorbei am Publikum. Trachten der verschiedenen Minderheiten in China werden ebenfalls gezeigt. Zu diesen Minderheiten wird konsequenterweise auch Taiwan gezählt. Übrigens geht unser »König Wang« so weit, (scherzhaft?) zu behaupten, wie Taiwan werde auch »diese kleine Inselgruppe im Nordosten« – er meint Japan! – eines Tages zur Volksrepublik China gehören.

Zwei Damen einer zehnköpfigen chinesischen Reisegruppe, die seit gestern an Bord ist, produzieren sich als Karaoke-Sängerinnen. Karaoke ist offenbar *das* neue Hobby in China. Auf unseren Ausflügen sehen wir immer wieder Restaurants, die mit »Karaoke-TV« werben. Auch hier an Bord hängen im Musiksalon vier Monitore von der Decke, in denen jetzt der Video-Clip einer Pop-Sängerin erscheint. Der Gesangston ist abgeschaltet, dafür wird der jeweilige Songtext eingeblendet. Während nun nacheinander unsere beiden Sängerinnen zur Begleitmusik des Videos live ins Mikrofon singen, lesen sie den Text vom Monitor ab. Es sind eine ältere Frau mit einer ausgebildeten Stimme und eine junge, die fast wie eine Profi-Popsängerin klingt, während sie die dabei üblichen Gesten und Bewegungen ausführt.

Shasi

Am nächsten Tag, Montag, 11. Juni, hat es endlich aufgehört zu regnen, es ist recht warm. Wir verleben auf dem Schiff einen faulen Flusstag, sitzen in der Sonne, lesen, betrachten die Uferlandschaft sowie die Schiffe, die wir überholen oder die uns entgegenkommen. Für 16.00 Uhr ist die Ankunft in Shashi geplant, tatsächlich erreichen wir die Stadt aber erst zweieinhalb Stunden später.

Auf guten und breiten Straßen fährt unser Bus durch Shashis moderne Viertel mit schönen, ausgedehnten Grünanlagen und viel Blumenschmuck, um zur über 2000 Jahre alten Stadt Jiangzhou zu gelangen. Unterwegs sehen wir im Erdgeschoss großer Wohnblocks dicht an dicht liegende Läden. Wie unsere hiesige Guide erklärt, haben Leute häufig die Wohnzimmer ihrer Eigentumswohnung mit über die ganze Front herausnehmbaren Türen ausgestattet, um dort tagsüber Handel zu betreiben. Auch viele Garagen wurden in Läden umfunktioniert, und zwar für Heimwerkerbedarf – ein Bereich, der offenbar boomt.

Obwohl es inzwischen sieben Uhr abends geworden ist, hat das in traditionellem Baustil errichtete und gerade renovierte Museum extra für uns noch geöffnet. Das langgestreckte flache Gebäude mit drei niedrigen Türmen und grünen, mit geometrischen Motiven bemalten Simsen liegt in einem fantasievoll angelegten Garten. Ein hölzerner, halboffener Gang des Museums grenzt direkt an einen Teich, in dem sich Steinskulpturen in der Art kleiner Felsen erheben und über den eine Holzbrücke führt. Im Haus besichtigen wir hauptsächlich wieder Exponate aus Gräbern der westlichen Zhou-Dynastie, und zwar aus der Zeit von ca. 400 – 200 v. Chr. Darunter ist – wie wir bereits im Provinzmuseum in Wuhan gesehen haben – eine Phönix-Skulptur. Diesmal besteht der Vogel mit Hirschgeweih aus Eisen und wird einer noch früheren Zeit zugeordnet.

Die neueste Attraktion dieses Hauses wird im Untergeschoss gezeigt: eine angeblich über 2.000 Jahre alte mumifizierte Männerleiche. Und zwar handelt es sich nicht um eine Mumie im landläufigen Sinn, sondern um einen mit Muskeln und glatter Haut erhaltenen Leichnam. 1995 soll er zufällig im Zuge von Straßenbauarten in Nähe der Stadt gefunden worden sein, er lag in einem Behälter mit roter Flüssigkeit. Wissenschaftler konnten die Bestandteile der konservierenden Flüssigkeit bis heute nicht zuverlässig analysieren, heißt es. Doch stellten sie die Todesursache fest: Magendurchbruch, vermutlich durch verdorbene oder giftige Speisen. Ebenso sein Alter (ca. 47), seine Größe (1,73 cm) und sein Gewicht (75 kg). Diese Daten nenne ich aus dem Gedächtnis. Wir blicken von oben auf die in einem unter Fußbodenhöhe abgesenkten Raum ausgestellte unbekleidete Leiche. Sie liegt in einer gläsernen Wanne mit Formalin, in einem kleineren Behälter daneben schwimmen die Eingeweide. Auf einer Schrifttafel werden – auch auf Englisch – die wissenschaftlichen Erkenntnisse über diesen Fund erklärt. Wir sind skeptisch, denn wir können uns nicht erinnern, jemals etwas darüber gehört oder gelesen zu haben. Hätte die Presse in aller Welt nicht voll gewesen sein müssen mit Berichten über diese Sensation?

Es ist schon dämmrig, als wir danach bei der »längsten und besterhaltenen Stadtmauer Südchinas« ankommen. Auf den breiten Mauerumgang gelangen wir wieder über viele Stufen, und dabei kommt mir der Gedanke, ich hätte eigentlich die Anzahl der auf dieser Reise bereits bewältigten Stufen zählen und schriftlich festhalten müssen. Mit den uns noch bevorstehenden würden sie sich sicher auf Tausende belaufen! Hier besitzt der Wachturm zwei pagodenähnliche Dächer mit aufwärts geschwungenen Ecken, die mit fünf Glück bringenden Affenfiguren bestückt sind, die Gesimse des Turms sind mit Goldmalereien verziert.

Wir spazieren ein wenig auf dem historischen Gemäuer herum und sehen dabei hinunter auf einen Platz innerhalb des Mauerbezirks, wo eine Gruppe älterer Leute mit ca. einen Meter langen Stäben unter Anleitung eine besondere Art des traditionellen Tai-Chi übt. Auf der anderen Seite am nahen Fluss picknicken auf einer großen, mit einzelnen Bäumen bestandenen Wiese zahlreiche Familien, Kinder tollen herum, lassen Drachen steigen oder spielen Ball.

Uns bleibt eine Stunde Zeit, um uns unten in der schmalen, unbefestigten Straße, die zu einem der Stadttore führt, etwas umzusehen. In den niedrigen Häusern wird trotz der späten Stunde fleißig gearbeitet. Die zimmergroßen Läden und Werkstätten sind zur Straßenseite hin geöffnet. Es wird getischlert und dabei heftig diskutiert, es werden Haare geschnitten und gewaschen, eine Mutter konsultiert mit ihrem kleinen Jungen einen Arzt in weißem Kittel, der beide in seine ebenfalls zur Straße hin offene Ordination komplimentiert: Zunge raus, Stirn und Puls fühlen. Der Doktor wird ein Medikament verschreiben und die Mutter gleich in die Apotheke nebenan schicken, wo Kräuter abgewogen und Mixturen gerührt werden. Vor kleinen Gaststuben sitzen Leute beim Abendessen, und auch die Garküchen und Stände mit Coca-Cola und anderen Getränken machen ihr Geschäft. Eine junge Frau läuft uns hinterher, um uns eine Flasche hiesigen Rotweins zu verkaufen. Vielleicht hat sie bei anderen aus unserer Gruppe mehr Glück.

Sogar eine Kaserne gibt es in dieser so friedlich wirkenden Gasse. Hinter dem geöffneten Gittertor sehe ich zwei Pappkameraden. Einer von ihnen sitzt kerzengrade an einem einfachen Holztisch. Die Hände in weißen Handschuhen liegen exakt ausgerichtet flach auf der Tischplatte, dazwischen das Wachbuch. Gegenüber auf der anderen Seite des Tores steht die zweite Figur: ebenfalls in unnatürlicher, stocksteifer Haltung, mit weißen Handschuhen, grotesk herausgestrecktem Brustkasten und eingezogenem Magen. Ein Offizier nähert sich, und – was ich schon geahnt habe – die vermeintlichen Pappsoldaten verwandeln sich in menschliche Wesen. Der Soldat am Tisch erhebt sich, steht stramm und legt wie sein Gegenüber zackig die rechte Hand an die Mütze.

Inzwischen ist es nachtdunkel geworden. Wieder zeigt sich der Sinn der Südchinesen für Effekte. Die Umrisse der Stadtmauer einschließlich ihrer Zinnen und des Wachturms mit dem doppelten pagodenartigen Dach sind mit Leuchtschlangen nachgezeichnet, was dem Bauwerk etwas Märchen- oder Operettenhaftes verleiht. Ähnlichen Lichtschmuck sehen wir danach auch auf unserer spätabendlichen Rückfahrt durch Jiangzhou und Shashi: mit mehrfarbigen Leuchtschlangen nachgezeichnete Silhouetten der Häuser in traditionellem Baustil, Restaurants, Karaoke-TV-Clubs u. a.

Zwei Stunden später als vorgesehen legt unser Schiff ab. Morgen gegen 7.00 Uhr werden wir die Schleuse von Gezhouba erreichen, und wenn wir die Einfahrt nicht verpassen wollen, müssen wir früh aufstehen.

Doch als ich am Dienstag, 12. Juni, gegen 6.30 Uhr aufwache, liegt die SPLENDID CHINA bereits in der Schleusenkammer. Wir erfahren, dass wir noch auf zwei weitere Schiffe warten, damit die Kammer mit ihrer Länge von 280 m und Breite von 34 m einigermaßen ausgelastet ist. Hier überwinden wir 25 m Höhenunterschied, der durch den 1986 fertiggestellten Gezhouba-Staudamm entstanden ist. Das bislang noch größte Wasserkraftwerk Chinas erreicht mit 21 Generatoren eine Stundenleistung von 2,715 Mio. KW. Diese Daten entnehme ich unserem heutigen Tagesprogramm.

Es dauert noch einige Zeit, bis die beiden anderen Schiffe, ebenfalls Kreuzfahrer, neben bzw. hinter uns festmachen, und bis dann das zweite Schleusentor geschlossen und mit dem Öffnen des vor uns Liegenden begonnen werden kann. Es nieselt etwas. Die Radfahrer, die bis zum allerletzten Augenblick die schmale Drehbrücke über die Schleuse befahren, tragen Regenkleidung.

Nachdem wir aus der Schleusenkammer herausgefahren sind, erreichen wir nach eineinhalb Stunden die erste der »Drei Großen Schluchten«, und zwar die Xiling-Schlucht (Schlucht des westlichen Grabens). 1000 bis 1200 m hoch ragen hier die grünbewachsenen Felsen an beiden Seiten empor, streckenweise lassen sie nur sehr schmale Durchfahrten. – Inzwischen regnet es stark, über dem Fluss und der Landschaft liegt ein grauer Schleier und die steilen Wände der Schlucht direkt neben uns sind jetzt nur zu ahnen.

Yang Jia Wan

Vormittags macht die SPLENDID CHINA in Yang Jia Wan fest. Von hier aus wollen wir mit dem Bus einen Ausflug zur Baustelle des »Drei-Schluchten-

Projekts« unternehmen, wo seit 1992 der größte Staudamm der Welt entsteht. »Angedacht« wurde dieser Stau des Jangtse übrigens bereits 1919 von Dr. Sun Yat-Sen. Auch Mao verfolgte dieses Ziel, doch erst nach dessen Ablösung nahm die neue Regierung das Projekt tatsächlich in Angriff.

Zurzeit sind hier rund um die Uhr ca. 25.000 Arbeiter beschäftigt. Internationale Firmen helfen mit ihrem Know-how, ihren Ingenieuren, Technikern und Maschinen, das ehrgeizige Projekt zu verwirklichen. An der Finanzierung beteiligen sich zahlreiche Nationen, darunter auch die BR Deutschland mit sogenannten HERMES-Krediten. Nach neuesten Schätzungen sollen die Kosten des Vorhabens annähernd 75 Mrd. US-$ betragen.

Auf neu gebauten, ansteigenden Zufahrtsstraßen, an deren Seiten bereits junge Bäume gepflanzt wurden, fahren wir eine knappe halbe Stunde bis zu den zwei Stellen oberhalb der Bauschlucht, von denen aus Besucher hinunterblicken dürfen. Unterwegs kommen wir an den barackenähnlichen Unterkünften der Arbeiter vorbei. Immer noch schüttet es aus tief hängenden grauen Wolken. Ausgerüstet mit Regenjacke und Schirm sehen wir dann, wie unten auf der Sohle und vor der Kulisse der steilen und in gewaltigen Stufen abgetragenen Erdwände spielzeugkleine Laster, Busse, Kräne herumfahren und wie sich dazwischen erstaunlich wenige Menschen mit ihren farbigen Schutzhelmen bewegen.

Wie das noch chaotisch anmutende, gigantische Bauwerk nach der endgültigen Fertigstellung einmal aussehen wird, zeigt ein überdachtes Modell. Dort hören wir ein Kurzreferat über das Projekt: Höhe und Länge der Staumauer: 185 und 2.335 m, Turbinen für die Stromerzeugung in den beiden Kraftwerken: jeweils 26 in Gruppen zu 14 + 12, hierbei sind übrigens SIEMENS, ABB und eine französische Firma beteiligt. Die Stromerzeugung soll eine Leistung von 85 Mrd. kW/Jahr erreichen. Dies entspricht dem jährlichen Durchschnittswert von 14 Atomkraftwerken. Für die Schifffahrt ist ein Hebewerk geplant, das in fünfstufigen Schleusenkammern 175 m überwindet, dazu gehören 23 Hochwasser-Abschlussschleusen sowie eine Schlammrückhalte- bzw. Schlammfilteranlage. Es sollen Vorkehrungen der höchsten Sicherheitsstufe für Erdbeben bis zur Stärke 7 getroffen werden. Der Stausee wird eine Länge von 660 km haben mit einer Oberfläche von 1.000 km^2 und dabei ca. 30.000 Hektar Land überschwemmen. Der erste Bauabschnitt wurde Ende 1997 abgeschlossen, dabei gab es noch keine Überflutungen. Der zweite mit Anstieg des Pegels auf eine Höhe von 135 m soll 2003 fertiggestellt sein. Der Abschluss des letzten mit einer maximalen Wasserhöhe von 175 m ist für 2008/9 geplant. Die mittlere Pegelhöhe wurde mit 110 – 120 m errechnet. Dies dürfte allerdings kein Trost sein für die fast 3 Mio. Menschen, die bereits umgesiedelt wurden oder es noch werden, weil ihre Heimat überflutet wird. Insgesamt werden 13 Großstädte, 140 Städte, 1.352 Dörfer, 657 Fabriken und ungefähr 800 historische und kulturelle Sehenswürdigkeiten in den Fluten versinken!

Nach dem Vortrag am Modell wandern wir durch das für Besucher des Staudammprojekts mit enormem Aufwand hergerichtete Areal. Der Gegensatz zum Baustellenbetrieb ist krass. Hier gehen wir durch gepflegte Grünanlagen mit dem dort aufgestellten Grundstein des Dammes, mit modernen Skulpturen aus den beim Bau verwendeten Materialien, steigen die vielen Stufen zum Aussichtsturm hinauf, den ein riesiges künstlerisches Relief schmückt. Und wenn es nicht regnen würde, könnten wir uns auf Bänken ausruhen und unsere Blicke in die Ferne schweifen lassen.

Leider ist das Fotografieren unter dem aufgespannten Regenschirm etwas schwierig, die Licht- und Sichtverhältnisse sind denkbar schlecht. Da wir aber nur einmal im Leben hier sein werden, schießen wir dennoch einige regnerische Bilder.

Zum Mittagessen sind wir wieder an Bord. Nachmittags lässt der Regen nach, und allmählich wird es sogar ganz trocken. Während wir mit unserem Schiff auf einer Art Bypass des Jangtse am Staudammprojekt vorbeifahren, halten wir uns draußen auf den verschiedenen Decks auf. Gegen 16.00 Uhr erreichen wir die zweite der Großen Schluchten: die Wu-Schlucht (Schlucht der Zauberin). Die schroffen Abhänge zu unseren beiden Seiten wirken wie hintereinander geschobene Kulissen, von denen bei unserem Herannahen eine nach der anderen zurückzuweichen scheint.

Die SPLENDID CHINA und die beiden anderen Flusskreuzfahrer, mit denen wir zusammen hochgeschleust wurden, veranstalten untereinander offenbar ein Wettrennen. Mal führt das eine Schiff, mal das andere. Es sieht gefährlich aus, wenn beim Überholen zwei große Schiffe auf dem kurz vor oder hinter den Schluchten immer noch schmalen Fluss nebeneinander fahren. Hinzu kommt, dass häufig andere Schiffe entgegenkommen und ein- oder zweimal ein Luftkissenboot heransaust.

Immer wieder fallen uns am Ufer die großen Schilder auf: 135 m (Pegelhöhe 2003) und 175 m (Pegelhöhe 2009). Es erscheint uns unvorstellbar, dass hier der gestaute Flusspegel in zwei Jahren bereits bis zur ersten Marke ansteigen wird! Jetzt beackern Leute dort noch ihre Felder, halten ihre Tiere, laden Kohle aus Schuten oder arbeiten in großen Zementfabriken, Lastwagen befahren erst vor knapp fünfzehn Jahren aufwendig gebaute Brücken und Straßen! Obwohl die meisten Dörfer und Städte bereits aufgegeben worden sind und die

Erwartete Pegelhöhe des Jangtse-Stausees 2003: 135 m,
2009: 175 m

»Geisterstadt«

Menschen in neue, weiß schimmernde Wohnkomplexe oberhalb der 175-m-Marke umgesiedelt wurden, geht die Arbeit hier anscheinend nach wie vor ihren gewohnten Gang.

Gegen 19.00 Uhr erreichen wir Wushan, auch eine Stadt, die untergehen wird. Doch oberhalb der alten ist bereits eine neue entstanden. Einige unserer Mitpassagiere beabsichtigen, nach dem Abendessen an Land zu gehen. Ihnen wird dringend abgeraten. Die verlassenen grauen Häuser gehören zu einer Geisterstadt, in der Straßen aufgerissen sind, und in der es weder Beleuchtung geschweige denn Lokale gibt. Stattdessen Gebäudeskelette, aus denen Fenster und Türen und alles irgendwie Verwertbare entfernt wurde. Und aus denen an einigen Stellen allerdings Wäsche flattert.

Wushan

Mittwoch, 13. Juni: Morgens um 6.00 Uhr ist es diesig, aber es verspricht ein schöner Sommertag zu werden. Tatsächlich ist bald darauf blauer Himmel zu sehen, die Sonne scheint, es wird sehr warm und damit hervorragendes Wetter für unseren ungefähr fünfstündigen Bootsausflug auf dem Daning, einem Nebenfluss des mächtigen Jangtse.

Direkt vom Ponton aus, an dem die SPLENDID CHINA festgemacht hat, steigen wir um 8.00 Uhr auf kleine Ausflugsboote über. Auf unserem Boot mit ungefähr 40 Sitzplätzen wurde das Dach bereits zurückgeschoben. Zusätzlich schieben wir das seitliche Fenster auf, so dass wir während der 33 km langen Fahrt durch die »Drei kleinen Schluchten« die Illusion haben, ganz im Freien zu sitzen.

Schon bald erheben sich zu beiden Seiten des Flusses die 1.000 Meter m hohen Berge der »Drachentorschlucht«. Die zum Teil nackten, zum Teil durch Pflanzenbewuchs grünen Felsen steigen fast senkrecht auf. In den Felswänden auf unserer Backbordseite sind in regelmäßigen Abständen viereckige Löcher von ungefähr 30 cm Durchmesser zu erkennen. Hier hinein wurden früher die Stangen gesteckt, mit denen kräftige Bauern Schiffe flussaufwärts treidelten. Die Männer arbeiteten sich dabei auf Bambusstegen vorwärts, die an den Felswänden befestigt waren. Von diesen Stegen existiert heute jedoch keiner mehr.

Die nächste und längere »Nebelschlucht« wird noch enger, auch die Berge sind höher und steiler und liegen gestaffelt hintereinander. Einmal fahren wir unter einer modernen Straßenbrücke hindurch, und ganz oben an einem Felsen sind zwei senkrecht befestigte »Hängesärge« zu erkennen. Auf solche Art bestattete man in dieser Gegend früher seine Toten. An einigen Felswänden in Ufernähe hören wir und sehen bald darauf Ziegen, und auf einem grasgrünen Abhang, der von der Sonne

Xiling-Schlucht (eine der drei Großen Schluchten)

Drachentorschlucht (eine der drei Kleinen Schluchten)

beschienen wird, turnt ein Dutzend Äffchen herum.

Nachdem wir diese enge Schlucht hinter uns gelassen haben, wird das Ufer etwas flacher, manchmal führen Stufen bis zu einer Anlegestelle. Bunte Sonnenschirme ziehen sich als Farbtupfer den Abhang hinauf. Händler warten dort auf Boote mit Besuchern. Wir sehen Leute, die mit Keschern ausgerüstet fischen wollen, und wir beobachten unten auf den Felsen herumkletternde Männer. Sie sammeln Müll, den das Hochwasser am Flussrand zurückgelassen hat. Steht ein Aufseher im weißen Hemd dabei, wird der Abfall in ein Boot geworfen, steht er nicht dabei, landet der Müll wieder im Wasser.

Landstreifen am Ufer, die aus dem im Laufe der Zeit angeschwemmten Schlamm bestehen, werden landwirtschaftlich genutzt zum Anbau von Mais, Gemüse und Wein. Zum Teil sind diese Kulturen durch Steintreppen terrassenartig angelegt. Bald kommen wir an einer Reihe kleiner Hütten vorbei, die von Bäumen überschattet werden, einfache schmale Boote liegen am Strand. Auch hier wird mit weißen Schildern angezeigt, bis wo das Land nach Fertigstellung des Staudammes überflutet sein wird: 135 und 175 m.

»Wir haben Glück«, erklärt Wang, »dass wir heute sogar in die dritte kleine Schlucht hineinfahren können! Das ist nur bei ganz klarem Wetter möglich. Bisher habe ich das noch nie erlebt!« Vor der Einfahrt zur »zartgrünen« oder »Smaragd-schlucht« spannt sich über den Fluss eine einfache niedrige Fußgängerhängebrücke.

An einem steinigen Strand unterhalb senkrecht aufsteigender nackter Felsen hält unser Steuer-mann das Boot mit einer langen Stange gegen den Strom auf einer Stelle, damit wir schnell aussteigen können, liegen bleiben kann er wegen der Strö-mung nicht. Es soll auf diesem Strand wunder-schöne vom Fluss geschliffene Steine geben. Eini-ge Gäste, darunter Heinrich, bleiben auf dem Boot, das uns nach zwanzig Minuten wieder abholen wird. Doch ich möchte einmal im Leben meine Füße in Jangtsewasser tauchen – auch wenn es sich dabei nur um einen seiner Nebenflüsse handelt. Barfuß balanciere ich vorsichtig über den steinigen Strand und wate ein paar Schritte durchs flache, lehmig braune Wasser, das mit ungefähr 17 °C nicht ganz so kalt ist wie erwartet. Unser Dresdner Reiseleiter hat sich sogar seine Badehose angezo-gen und schwimmt in der starken Strömung, was sehr gefährlich aussieht. Ich finde ein paar schön rund geschliffene, graue Steine mit weißen Strei-fen. Doch sogar hier laufen Händler herum, die noch schönere, mit künstlichen herzförmigen Ein-schlüssen versehene Exemplare und sonstige Sou-venir-Artikel verkaufen wollen.

Nach den angekündigten zwanzig Minuten kommt unser Boot in rasender Fahrt stromabwärts zurück, wendet halsbrecherisch, um dann entgegen der Strömung zu ankern. Jetzt steigt auch Heinrich aus und findet zwischen den Steinen eine alte Tonscherbe, auf der noch ein Muster zu erkennen ist. Während der Rückfahrt, die wegen der starken Strömung nur halb so lange wie die Hinfahrt dauert, brennt die Mittagssonne heiß auf unsere Köpfe. Wir schützen uns mit Strohhut bzw. Schirmkappe und müssen nicht wie andere Gäste ohne Kopfbedeckung unter das inzwischen etwas vorgezogene Bootsdach flüchten.

An Bord der SPLENDID CHINA gibt es heute ein spätes Mittagessen. Gegen 15.00 Uhr erreichen wir die letzte der Großen Schluchten, die Outang Xia (Blasebalg-Schlucht), die an ihrer engsten Stelle nur 50 m breit ist. Immer noch sind am Ufer die beiden Überflutungsmarken angebracht. Auch hier bestellen die Bauern nach wie vor den fruchtbaren Boden. Welch bittere Gefühle müssen sie haben bei dem Gedanken, dass in zwei Jahren ihr Lebenswerk und das ihrer Vorfahren vernichtet sein wird!

Nachmittags halten wir uns an Deck auf, teils in der Sonne, teils im Schatten. Nach dem Abendessen besuchen wir im Salon einen Vortrag über chinesische Flaschenmalerei. Der Künstler, der sein Atelier mit Verkaufsstand auf dem 5. Deck der SPLENDID CHINA hat, zeigt heute seine fertigen Arbeiten und demonstriert, wie sie entstehen:

Flache runde Fläschchen, die er von einer Spezial-
firma bezieht, werden von innen mit Landschafts-
und Blumenmotiven oder Porträts bemalt. Den
abgeschrägten dünnen Pinsel führt er dazu durch
den engen Flaschenhals und trägt das Bild spiegel-
verkehrt auf. Eine knifflige Arbeit, die eine außer-
ordentlich ruhige Hand erfordert! Wie alles, was
mit traditionellen Werten zu tun hatte, war diese
Technik während der Kulturrevolution (1966 –
1976) verboten. Unser Künstler lernte sie heimlich
von seinem Vater. Ihn hat er in einem Fläschchen
porträtiert, wie er zwischen Blumen steht.

Am späten Abend geht die SPLENDID CHINA
an einer breiten Stelle des Jangtse vor Anker. Als
ich nachts aus dem Fenster sehe, erkenne ich neben
uns zwei weitere hell erleuchtete Kreuzfahrtschif-
fe. Die Fahrt auf diesem Flussabschnitt mit seinen
vielen Stromschnellen sei im Dunkeln zu riskant,
hieß es in einer Erklärung von der Brücke.

Shiboazai

Diese Stromschnellen passieren wir am Vormittag
des 14. Juni. Riesige Felsblöcke liegen an einigen
Stellen unterhalb des Ufers und ragen bis ins
Fahrwasser hinein, das in kurzen schnellen Wellen
mit vielen wirbelnden Strudeln flussabwärts
strömt.

Wir kommen jetzt durch die am wenigsten besiedelte Gegend Chinas. Es ist brütend heiß, auf den Decks finde ich kein schattiges Plätzchen. Deshalb gehe ich vormittags in den klimatisierten Salon zu einer einstündigen Lesung chinesischer Meisternovellen. Meine Bedenken im Hinblick auf einen Literaturvortrag mit sächsischem Zungenschlag lässt unser Reiseleiter Steffen vergessen. Zwar kann er nach wie vor seine Dresdner Heimat nicht verleugnen, doch liest er wirklich ausgezeichnet. Mit Bedacht hat er eine Novelle ausgewählt, die im Lu Shan spielt: »Die Prinzessin ohne Lachen« (übertragen von Franz Kuhn), ich habe sie hier auf den Seiten 49 – 51 nacherzählt.

Obwohl jetzt ein dünner Dunstschleier vor der Sonne hängt, ist es noch heißer geworden. Bereits um halbzwölf wird das Mittagessen serviert, denn eine Stunde später wollen wir Shibaozhai erreichen. Vom Schiff aus erkennen wir bald das Wahrzeichen der kleinen Stadt: die zwölfstöckige, auf und an einen hohen Felsen gebaute Rote Pagode. Es ist Chinas höchstes Bauwerk dieser Art, von dem in acht Jahren nur noch die Spitze aus den Fluten ragen dürfte.[2] Jetzt wird mir übrigens auch klar, dass von dieser Pagode der gleichlautende Markenname der Zigaretten stammen muss, die ich

---

[2]Der obere Teil der Roten Pagode wird rechtzeitig vor Fertigstellung des Drei-Schluchten-Staudammes durch einen »Kofferdamm« vor Überflutung geschützt.

beim Sun Yat-sen Mausoleum gekauft hatte.

Von unserer Anlegestelle gehe man zu Fuß zwanzig Minuten bis zum Pagodenfelsen, heißt es im Tagesprogramm. Bis dorthin könne man sich aber auch für 10 Yuan in einer Sänfte tragen lassen. Instinktiv widerstrebt mir dies – es wäre, als fühlte ich mich in anachronistischer Weise höhergestellt als die Träger. Doch Heinrich meint zu Recht, für die Träger bedeute dies, Geld zu verdienen. Wenn sie sich durch diese Tätigkeit erniedrigt fühlten, würden sie sich dazu nicht hergeben.

Unser Schiff liegt neben einem Arbeitsponton, und um an Land zu kommen, müssen wir zunächst an stinkenden und unsäglich schmutzigen Kammern mit genauso schmutzigen Arbeitern vorbei. Am Ufer stürzen sofort zwei barfüßige Chinesinnen mittleren Alters auf mich zu und zeigen mit einladender Geste auf eine Sänfte. Dies ist ein eckiger, mit Stoff ausgeschlagener vorn offener Korb, an dessen Außenseiten jeweils eine lange, dicke Bambustragestange angebracht ist. Ich sitze kaum, als ich schon hochgehoben werde. Fast im Laufschritt geht es den ansteigenden Weg hinauf, während ich in meinem Korb leicht hin- und herschaukele – eine angenehme Transportart! Dennoch fühle ich mich sehr unbehaglich, wenn ich auf den unter meiner Last von 55 kg gebeugten Nacken der Frau sehe und hinter mir das angestrengte Keuchen der zweiten Trägerin höre. Nach rund 200 Metern setzen sie die Sänfte ab und reden aufgeregt auf mich ein. Vielleicht ist die Strecke hier zu Ende und sie wollen jetzt ihren Lohn? Ich steige aus und gebe ihnen die 10 Yuan. Entschieden weisen sie das Geld zurück. Also lege ich noch ein Trinkgeld drauf. Das ist aber immer noch nicht das, was sie wollen. Endlich begreife ich: Sie verlangen 10 Yuan pro Trägerin, also insgesamt 20. Das war zwar nicht ausgemacht, aber auch umgerechnet 7 DM sind wirklich nicht viel. Endlich sind sie zufrieden und bedeuten mir, mich wieder hineinzusetzen. Doch jetzt habe ich keinen Mut mehr. Wer weiß, was mir auf der weiteren Strecke an Überraschungen noch blüht?

Also mache ich mich zu Fuß auf den Weg bergan, der zunächst durch einen engen, schmutzigen Spalt zwischen zwei Häusern und dann über eine schlecht gepflasterte Straße führt. Vor dem großen, mit Löwen und Drachenfiguren geschmückten Eingang zur Pagode wartet Heinrich. Er hat es schlauer angestellt, nachdem man seine Sänfte auf halber Strecke abgesetzt hatte. Er ist einfach sitzen geblieben, hat 10 Yuan bezahlt, mit dem zweiten 10-Yuan-Schein gewedelt, in Richtung Pagode gezeigt und dort oben erst den geforderten Rest beglichen.

Das beeindruckende Bauwerk wurde 1819 errichtet, und zwar, um den auf einem 220 m hohen Felsplateau liegenden buddhistischen Tempel

Rote Pagode
vom Fluss
aus gesehen

Blick von der
Roten
Pagode

besser erreichbar zu machen. Trotz der unglaublich drückenden Mittagshitze beschließen wir, das zwölfstöckige Bauwerk zu erklimmen. Noch sind wir hier die Ersten der SPLENDID CHINA-Touristen, was unseren Ehrgeiz etwas anspornt. Aber die hölzernen Stufen nehmen und nehmen kein Ende!

Auf jedem Stockwerk gebe es interessante Bilder, Statuen und andere Schätze zu sehen, haben wir gelesen. So zum Beispiel den »Jadekaiser« – eine Jadeskulptur des Kaisers Qianlong. Doch im Innern des Holzgebäudes ist es viel zu heiß, als dass man Lust hätte, sich hier unnötig aufzuhalten. Als wir dann schließlich oben ankommen, klopft mein Herz bis zum Hals. Aber die Anstrengung hat sich wirklich gelohnt. Ein wunderschöner Blick bietet sich uns auf den breiten Jangtse mit unserem Schiff sowie auf das gegenüberliegende Ufer mit dem Gebirgszug am Horizont.

Der Tempel besteht aus mehreren niedrigen Gebäuden, die sich um verschiedene idyllische Innenhöfe gruppieren. Über Steinstufen, durch Türen und Torbögen gelangen wir von einem kleinen Hof in den nächsten. Und von überall haben wir eine andere Aussicht. Mal auf die Dächer der Stadt, mal einen grünen Abhang hinunter und als Letztes von einem steinernen Balkon auf ein großes Gebiet terrassenförmig angelegter grüner Reisfelder. Eher durch Zufall entdecken wir auf diesem

Balkon das »Loch des fließenden Reises«. Einer Legende zufolge rieselte einstmals aus diesem Loch der Reis-Tagesbedarf der Mönche heraus. Eines Tages habe allerdings ein raffgieriger Mönch das Loch vergrößert, um sich an dem Reis zu bereichern. Ab dem Zeitpunkt sei die Quelle für immer versiegt. – Den Abstieg nehmen wir über Steintreppen, die außen in den Felsen gehauen wurden.

Die enge Gasse bis hinunter zur Anlegestelle ist gesäumt von Verkaufstischen mit Schnickschnack aller Art. Die Händler sind unermüdlich in ihrem Bestreben, uns etwas anzudrehen, und mich kostet es einige Mühe, dazu gute Miene zu machen und nicht unwillig zu reagieren. Schließlich kaufe ich aber doch etwas, und zwar einen Film, da ich bisher bereits häufiger als geplant fotografiert habe.

Um auf die SPLENDID CHINA zu gelangen, müssen wir dann nochmals durch den schmutzigen Arbeitsponton gehen. Inzwischen hat man aber die Türen zu den stinkenden Kammern geschlossen, dennoch versuche ich, nicht zu tief durchzuatmen.

Gegen 14.30 Uhr legt unser Schiff schon wieder ab, und nach den vorangegangenen Strapazen ruhen wir uns etwas aus.

Zum festlichen Abschiedsabendessen haben die Stewardessen sich besonders hübsch angezogen, und zwar lange, enge Brokatseidenkleider in leuchtenden Farben mit Stehkragen und Seitenschlitzen im Rock bis zum Oberschenkelansatz. Bei der Abschiedsshow der Crew lasse ich mich sogar dazu hinreißen, mit Heinrich unter Diskolichteffekten zur Musik der Bordband ausgelassen zu tanzen. Erst anschließend packe ich meinen Trolley, und wieder bin ich froh, nur das Notwendigste mitgenommen zu haben

Chongqing

Freitagmorgen, 15. Juni, erreichen wir Chongqing, das am Zusammenfluss von Jangtse und Jianling Jiang liegt. Unsere Fahrt auf dem Jangtse ist hier zu Ende. In diesen zwölf Tagen haben wir 2.368 Flusskilometer zurückgelegt und sind in neun großen oder kleinen Orten an Land gegangen.

Um 9.45 Uhr wird unsere 38-köpfige Gruppe ausgeschifft. Wir alle haben das zusätzliche Nachprogramm Xi'an gebucht, während die übrigen Gäste von hier aus direkt nach Beijing fliegen. Sowie wir das klimatisierte Schiff verlassen, überfällt uns drückende Hitze, kein Lüftchen ist zu spüren. Wieder geht es über einen Ponton und dann mit einem Kabinen-Schräglift zur hoch gelegenen Stadt. Am Rande einer belebten Straße wandern wir noch ein längere Strecke bergan, bis wir zu unserem Bus kommen. Die Zeit bis zum Abflug nach Xi'an um 18.10 Uhr soll zum großen Teil mit einem Ausflug nach dem 160 km entfernten Dazu ausgefüllt werden. Von der felsigen »Bergstadt« Chongqing mit seinen ca. 6 Mio. Einwohnern sehen wir daher wenig.

Rund zwei Stunden benötigen wir bis zu unserem Ziel, das wir dann ausgerechnet in der ärgsten Mittagshitze erreichen. Dazu ist bekannt für seine »Steinschnitzereien«, wie die aus den Felsen herausgehauenen Figuren schlecht übersetzt heißen. Die rd. 10.000 Skulpturen aus der Tang-Dynastie (618 – 907 n. Chr.) liegen in einem touristischen Zentrum, in dem Autoverkehr nicht zugelassen ist und unser Bus deshalb außerhalb dieses Geländes parken muss. In lähmender Hitze schleppen wir uns über freie Plätze, auf die die Sonne erbarmungslos brennt, und durch leere Straßen, in denen die niedrigen Häuser mit Souvenirläden und Restaurants kaum für Schatten sorgen. Am Haltepunkt der Elektrokarren besteigen Heinrich und ich mit sechs anderen Gästen einen der offenen Wagen, um damit das letzte Stück bis zum Beginn des Besichtigungsrundwegs zu fahren.

Die Steinfiguren buddhistischer, daoistischer und konfuzianischer Persönlichkeiten sind aus den Felsen herausgehauen und befinden sich dadurch in kleineren und größeren Grotten. Alle Statuen sind verschieden in Ausdruck, Haltung und Kleidung, zum Teil sind sie auch bunt bemalt. Es

Dazu: »Steinschnitzerei«

Xi'an: Terrakotta-Armee

handelt sich nicht nur um Skulpturen von Menschen, sondern auch von Tieren, wie Frösche oder Schildkröten. Dabei sind kleine Figuren, die nebeneinander stehen und große, die eine Felsnische einzeln »bewohnen«. Sehr eindrucksvoll sind auch die »Tausendarmige Göttin der Gnade« sowie der liegende Buddha mit einer Länge von 31 Metern, umgeben von seinen Bodhisattwas (»nach Erleuchtung Strebende«), die hier jeweils nur ungefähr so klein ausfallen wie seine Nase. Diese zahlreichen Schätze, die die UNESCO 1999 in die Weltkulturerbe-Liste aufgenommen hat, verteilen sich entlang einer Strecke von 500 m, auf der es immer wieder treppauf, treppab geht. Für mich ist dies in der schwülen Hitze kaum zu bewältigen, und mein norddeutscher, an die gemäßigte Klimazone gewöhnter Kreislauf rät mir, mich hin und wieder irgendwo im Schatten hinzusetzen.

Unsere örtliche Guide ist unermüdlich im Erklären der einzelnen Objekte. Mir tut sie leid, denn nicht nur ich, sondern auch die übrigen unserer Gruppe sind kaum noch aufnahmefähig für die vielen Jahreszahlen, Maßangaben, Kaisernamen, Zeiträume und Folge der Dynastien. Doch selbst ohne die »Steinschnitzereien« wäre schon allein landschaftlich der Rundgang ein schönes Erlebnis. Grün wuchert üppig auf und um die Felsen und bis hinunter in steile Schluchten. Immer wieder bieten sich idyllische Ansichten. Die Wege sind gut ge-

pflegt, Papierkörbe in der in China üblichen Blü-
tenkelchform sind reichlich vorhanden, und an
einem Kiosk könnte man Erfrischungsgetränke,
Filme und anderes kaufen.

Schließlich ist der Rundgang beendet. Die
Elektrokarren befördern uns wieder zum Touris-
tenzentrum, von wo wir noch eine knappe Viertel-
stunde bis zum Busparkplatz gehen. In einem Restaurant in der Stadt gibt es ein spätes Mittagessen.

Gerade rechtzeitig zum Boarding-Termin um
17.40 Uhr erreichen wir den modernen Airport von
Chongqing. Die Bordkarten erhielten wir bereits
im Bus, wobei auf Übereinstimmung der darauf
gedruckten Namen mit den tatsächlichen Fluggäs-
ten kein Wert gelegt wird. Also fliegen Heinrich
und ich von Chongqing nach Xi'an als Mr. und
Mrs. M. Während des rund eineinhalbstündigen
Flugs werden uns ein Snack und Getränke serviert.
Die freundlichen Stewardessen der China
Southwest Airlines haben sich dazu weiße, mit
Volants besetzte Trägerschürzen vorgebunden, die
mit zartblauen und rosa Blümchen bestickt sind.

Xi'an

In Xi'an holen wir unsere Trolleys vom Band, die anschließend in einen Kleintransporter verladen und zum Hotel gebracht werden, während wir selbst mit dem Bus zum »Sheraton Xian« fahren. Die Tour auf einer Maut-Autobahn vom weit außerhalb der Stadt liegenden modernen Flughafen dauert eine knappe Stunde. Unsere hiesige Guide, die uns auch während der nächsten zwei Tage begleiten wird, überschüttet uns sofort mit gut gemeinten Informationen jeglicher Art.

Inzwischen ist es fast dunkel geworden, aber gegen den helleren Abendhimmel sieht man doch, dass sich bis zum Horizont kultiviertes Ackerland mit riesigen Feldern erstreckt. Die Weizenernte ist auch hier gerade vorüber, erfahren wir, und die Bauern brennen jetzt die Stoppeln ab, obwohl dies inzwischen verboten ist. Bei entsprechender Windrichtung zieht dann der Rauch bis nach Xi'an und trägt zur weiteren Verschlechterung der ohnehin belasteten Luft bei. Auf den Feldern stehen hier und da einzelne Grabtore. Also praktizieren manche Bauern tatsächlich noch die traditionelle Erdbestattung ihrer Toten, obwohl auch dies eigentlich nicht mehr erlaubt ist. Überhaupt gelten die Bauern ganz allgemein als sehr rückständig und ungebildet. Jedenfalls, wenn man entsprechende Bemerkungen unserer verschiedenen örtlichen Guides richtig deutet.

Das Fünf-Sterne-Hotel empfängt uns mit hochgewachsenen, zuvorkommend lächelnden Türstehern in eleganten weißen Uniformen im Marineoffizierslook. Die imposante Riesenlobby mit schrägem »Himmel« voller Lämpchen, Brunnen mit Wasserfontänen, riesigen Grünpflanzen und farbenfrohen Blumenbeeten beeindruckt sogar uns weit gereiste Touristen. Zunächst werden wir allerdings eine unscheinbare Treppe hinaufkomplimentiert, wo wir dann in einem Konferenzraum einen Willkommens-Drink und bald darauf die Schlüsselkarten für Zimmer im 7. Stock erhalten. Auch hier wird der Strom im Hotelzimmer erst mit Hilfe dieser Schlüsselkarte aktiviert. Inzwischen ist es halb elf geworden, wir sind müde, müssen aber noch ausharren, bis unsere Trolleys gebracht werden.

Sonnabend, den 16. Juni, finden wir uns zur vereinbarten Zeit vorm Hoteleingang ein, bereits für 8.30 Uhr ist die Abfahrt zum Besuch der »Terrakotta-Armee« geplant. Doch von unserem Bus ist noch nichts zu sehen. Stattdessen ist die gesamte Auf- und Abfahrt vollgeparkt mit schwarzen, mit dunklen Scheiben ausgestatteten Limousinen, in oder neben denen uniformierte Fahrer warten. Auf wen, erfahren wir von unserem umtriebigen Guide Wang, der sich natürlich bereits erkundigt hat: Man wartet auf das Erscheinen des Präsidenten eines südamerikanischen Staates und des Präsidenten der Republik Kirgisistan. Die beiden Staatsmänner logieren ebenfalls im Sheraton und sollen jetzt zu einer offiziellen Besichtigungstour abgeholt werden.

Vorm Hotel und neben den insgesamt 27 Limousinen stehen Polizisten in Uniform und in Zivil, auf den Stufen vor der Drehtür haben sich die Bodyguards aufgebaut. Dies sind auffallend große, schlanke Chinesen in gut sitzenden dunklen Anzügen, die hier ihre wachsamen Blicke schweifen lassen. Obwohl wir ihnen in ca. drei Metern Entfernung direkt gegenüber stehen, würdigen sie uns Touristen keines Blickes. Diese Nichtbeachtung finde ich ausgesprochen beleidigend und lasse eine entsprechende scherzhafte Bemerkung fallen. Unmittelbar darauf trifft mich der prüfende schlitzäugige Blick des uns am nächsten stehenden Wächters, um danach betont gelangweilt über unsere ganze Gruppe zu gleiten. Nach ungefähr einer halben Stunde huschen die beiden Staatsgäste mit eingezogenen Köpfen in ihre jeweilige Limousine, der Konvoi setzt sich in Bewegung, und endlich darf auch unser Bus vorfahren.

Schon morgens ist es warm, vom blauen Himmel ist allerdings nichts zu sehen, eine Dunstglocke hängt über der Stadt. Der Ausgrabungsort liegt 35 km von Xi'an entfernt. Auf zunächst noch engen, manchmal von Platanen und Akazien gesäumten Straßen besserer Viertel gelangen wir auch hier bald wieder in Arme-Leute-Wohnbezirke, die zum Teil bereits in Trümmern liegen, und dann auf die stadtauswärts führende Hauptstraße. Nach kurzem Halt an einer Mautstation kommen wir auf eine neue, großzügig angelegte Autobahn. Die schrägen Auf- und abfahrtsböschungen verzieren kunstvolle Betonornamente, deren Zwischenräume begrünt oder aufwendig bepflanzt wurden. Die Landschaft zeigt hin und wieder großstufige Absätze. Hier wurde Löss abgetragen zum Hausbau. Wir sehen Dörfer mit derartigen Bauernhäusern, die alle innerhalb einer mannshohen Losssteinmauer liegen.

Unsere sympathische Guide verkündet stolz, der Busfahrer habe gerade erst diese brandneue Autobahnabfahrt entdeckt. Sie führt direkt zum Gelände mit den Terrakottakriegern und verringert die Fahrzeit, so dass wir die durch die beiden Präsidenten entstandene Verspätung aufholen können. Aber wir hätten es uns schon denken können: Natürlich wollen die Präsidenten ebenfalls das sogenannte »achte Weltwunder« besichtigen! Als wir jetzt dort ankommen, befinden sie sich gerade im Museumsgebäude, der Platz davor ist mit den schwarzen Limousinen besetzt und weiträumig abgesperrt.

Deshalb gehen wir zunächst zur ersten Halle, die über den Ausgrabungsflächen errichtet wurde. Die gigantischen Ausmaße dieses Bauwerks, das von einer gewölbten Stahl-Glaskonstruktion überspannt wird, sind überwältigend. Ebenfalls überwältigend sind die Besuchermassen, die sich auf der Galerie rund um die verschiedenen, tiefer liegenden Grabungsfelder bewegen.

Wie unsere Guide erzählt, hatten 1974 zwei Bauern des Dorfes Xi Yang bei Feldarbeiten Teile der aus Löss gebrannten Figuren entdeckt. Dies meldeten sie dem Ortsvorsteher, der wiederum einen vertrauenswürdigen Archäologen verständigte. Zwar war die Zeit des zerstörerischen Wütens der von Frau Mao aufgeputschten Roten Garden offiziell vorbei, dennoch wurde der Fund zunächst vor der Bevölkerung verheimlicht. Premierminister Zhou Enlai hatte bereits in der Zeit der Kulturrevolution über wichtige historische Denkmale seine schützende Hand gehalten. Auch diesmal sorgte er dafür, dass mit den Ausgrabungen begonnen werden konnte, und zwar geschah dies unter den offenbar notwendigen Sicherheitsmaßnahmen. Denn durch den Fund waren den Bauern große Flächen Land weggenommen worden und daher standen sie dem Projekt mit Unverständnis und nicht gerade freundlich gegenüber. Es waren bereits Figuren gefunden worden, denen man den Kopf abgeschlagen hatte.

Xi'an:
Terrakotta-
Armee, Details

Xi'an, unten:
Große
Wildgans-
pagode

Einige dieser kopflosen Krieger sehen wir in der Halle.

Die Terrakottaarmee besteht aus ca. 8.000 Figuren, 600 Pferden, 100 Kriegs- und anderen Wagen. Der despotische Kaiser Qin Shi Huang Di ließ sie rund 200 Jahre v. Chr. als seine Grabbeigabe anfertigen. 750.000 Arbeiter sollen daran gearbeitet haben. Die Figuren sind zwischen 180 – 193 cm groß und haben damit vermutlich den ausgesucht hochgewachsenen Kriegern des Kaisers entsprochen. Die Rümpfe wurden »serienmäßig« hergestellt, die Arme und besonders die Köpfe sind jedoch unterschiedlich, ursprünglich waren sie noch bemalt. Es sind nicht nur Krieger, sondern Abbilder des ganzen männlichen Hofstaats. Bisher wurden ungefähr 3.000 Figuren ausgegraben und restauriert. Um zur Finanzierung dieser Arbeiten beizutragen, ist die Halle tagsüber gegen Eintrittsgeld zur Besichtigung freigegeben. Nachts wird weitergegraben.

Fotografieren sei hier streng verboten, hat unsere Guide uns vorgewarnt, bei Zuwiderhandlungen würde der Fotoapparat eingezogen. Einschränkend fügte sie jedoch hinzu, natürlich könnten selbst die zahlreichen Wächter in Uniform und Zivil nicht alles überblicken. So schießen wir unsere Fotos heimlich und gewissermaßen aus der Hüfte.

Mit eigenen Augen das »achte Weltwunder« zu sehen, ist wirklich ein unvergessliches Erlebnis! In unzähligen Viererreihen stehen die Terrakottafiguren hintereinander und wirken in dieser Formation drohend, beklemmend und zugleich auch ergreifend. An der jeweiligen Hand- oder Armhaltung ist zu erkennen, ob sie einmal Waffen oder Geräte getragen oder auf einem Wagen stehend Pferde gelenkt haben. Diese Gegenstände sind jedoch irgendwann geraubt worden. Eine ganze Weile wandern wir auf der Galerie am Rande der Grabungsfelder herum und schießen unsere verbotenen Fotos. Überall wetterleuchtet es von Blitzlicht, eine Reaktion von uniformierten und zivilen Wächtern ist nicht zu erkennen.

Als wir aus der Halle herauskommen, bereitet sich der Präsidentenkonvoi gerade zur Abfahrt vor, und jetzt dürfen auch wir normalen Besucher ins moderne und großzügig angelegte Museumsgebäude. Hier werden in Glasvitrinen einzelne, besonders gut erhaltene oder restaurierte Exemplare verschiedener Kriegertypen, Pferde, Wagen sowie einige Waffen ausgestellt. – Es liegt ein Gästebuch aus, in dem zahlreiche prominente Besucher sich verewigt haben. Dazu gehören auch bekannte deutsche Industriebosse und Politiker. Wir erfahren, dass die Bundesrepublik Deutschland sich an den enormen Kosten der Ausgrabungen beteiligt.

Ob die Freundlichkeit einer Klofrau nun indirekt etwas mit der großen Politik zu tun hat? Als ich nur »rein prophylaktisch« eine Toilette auf diesem Gelände aufsuchen will, sehe ich vor den Kabinen eine lange Schlange Amerikanerinnen älterer Bauart warten. Auf dem gegenüberliegenden Gang bietet sich das gleiche Bild. Da unser Bus demnächst abfahren wird, habe ich keine Zeit, mich anzustellen und wende mich zum Gehen. Da winkt mir die Klofrau zu, die am Eingang gerade den Fußboden wischt, und fordert mich auf, ihr zu folgen.

Sie geht an der Reihe der Amerikanerinnen vorbei und bleibt vor einer der Kabinen stehen. Als sie frei wird, sehe ich, dass es eine komfortable »westliche« ist. Die Klofrau wischt den Deckel, die Brille und den Beckenrand sorgfältig ab und fährt mit dem Lappen einmal über den Fußboden. Als sie wieder hinausgeht, huscht sofort die Dame hinein, die an der Spitze der Schlange gewartet hat. Doch die Klofrau bleibt in der offenen Tür stehen und bedeutet ihr unmissverständlich, sie müsse wieder hinausgehen, was sie unter lautem Protest tut. Nun fordert die Chinesin mit einladender Handbewegung mich zur Besetzung der extra für mich gereinigten Toilette auf. Natürlich ist ihr ein Trinkgeld gewiss.

Diese Sonderbehandlung lässt sich vielleicht durch die zurzeit recht frostigen Beziehungen zwischen den USA und der VR China erklären, wenn man denn voraussetzt, dass eine Angestellte an solch einem viel besuchten Ort gelernt hat, amerikanische und europäische Langnasen voneinander zu unterscheiden. Die frostigen Beziehungen zwischen den beiden Nationen entstanden durch ein US-amerikanisches Spionageflugzeug, das kürzlich auf chinesischem Territorium notlanden musste.

Zum Mittagessen – wieder in einem eleganten Hotel – fahren wir zurück nach Xi'an. Unser nächstes Ziel ist die Große Wildganspagode aus dem Jahr 1580. Als wir dort ankommen, sehen wir die Präsidentenkolonne gerade abfahren. Die Vorgängerin dieser Pagode wurde bereits um 650 errichtet, um heilige Schriften des Buddhismus feuersicher zu verwahren. 629 war der chinesische Mönch Xuanzang nach Indien gepilgert, um im Ursprungsland des Buddhismus dessen heilige Schriften zu studieren. Nach 16 Jahren kehrte er nach China zurück. Xuanzang brachte aus Indien mehr als 650 Bände buddhistischer Schriften mit, die er und seine Mitarbeiter übersetzten, und die später in der Großen Wildganspagode verwahrt wurden.

Es ist ein imposanter steinerner Turm, dessen sieben verschiedene Stockwerke wie sich verjüngende, aufeinander gesetzte steinerne Kästen aussehen, und zwar ohne die nach oben gebogenen Simse der uns bereits bekannten Pagodenform. Das 73 Meter hohe Bauwerk gilt als Wahrzeichen Xi'ans. Über die Herkunft des Namens dieser Pagode gibt es natürlich eine Legende, deren Inhalt ich jedoch nur noch vage erinnere. Die Hauptrolle spielt jedenfalls eine Wildgans. Sie fiel vom Himmel und Mönchen vor die Füße, nachdem jene sich beklagt hatten, Buddha lasse sie verhungern. Da die erschrockenen Mönche glaubten, Buddha habe sich mit dieser Gans selbst geopfert, errichteten sie zu Ehren der Gans diese Pagode.

Zur Großen Wildganspagode gehört auch ein Tempel mit verschiedenen, sehr gepflegten niedrigen Gebäuden, Innenhöfen mit Elefanten- und anderen Marmorplastiken, mit Laubengängen, die auf runden Holzsäulen ruhen und deren Wände Schrifttafeln schmücken. Es ist angenehm, auf dem glatten, teilweise blank polierten Marmorfußboden durch diese stillen Höfe zu wandern. Bänke zum Ausruhen fehlen allerdings. Sitzmöglichkeiten haben wir auch schon an anderen von Touristen besuchten Orten vermisst. Dies hängt vielleicht damit zusammen, dass Chinesen sich in der bereits beschriebenen Hockstellung ausruhen können. Als ich selbst einmal diese Stellung ausprobiere, gelingt es mir eher unsportlichen Person nicht, dabei die Füße vollständig aufzusetzen. Und das ist unbedingt erforderlich, um eine entspannte Position einzunehmen und vor allem das Gleichgewicht zu halten.

Unsere Guide ist mir als eine umfassend gebildete Frau aufgefallen, die ihre persönliche Meinung über die hiesigen Verhältnisse sogar recht frei äußert. Als ich heute einmal ein Stück allein neben ihr gehe, wage ich sie zu fragen, was mir seit der Lektüre des Buchs »Wilde Schwäne« (»Wild Swans«) und besonders natürlich während dieser Reise nicht aus dem Kopf geht. Und zwar, ob die von der Autorin Jung Chang geschilderten Ereignisse in China – vor allem diejenigen der Kulturrevolution während der Mao-Zeit – auf Tatsachen beruhen. »Absolut«, antwortet sie. Sie ist sofort im Bilde, welches Buch ich meine. »Die Ereignisse haben genauso stattgefunden. Auf Fantasie beruhen – wahrscheinlich wegen der besseren Lesbarkeit – nur einige Ausschmückungen der Liebesgeschichten.« Bei anderer Gelegenheit deutet sie Schwierigkeiten an, die ihre eigene Familie während dieser Zeit gehabt hat, weil Verwandte im Ausland leben. »Inzwischen hat China sich von Mao befreit«, erklärt sie. Aber natürlich gebe es immer noch Anhänger von ihm, hauptsächlich bei der älteren Generation. Einmal erwähnt sie die Grausamkeit von Jugendlichen der Roten Garde. Sie hätten Erwachsene gezwungen, auf einem öffentlichen Platz niederzuknien, und sie dann ausgepeitscht. Diese und andere entsetzlichen Dinge schildert auch Jung Chang in ihrem Buch.

Wir fahren jetzt zur vollständig erhaltenen, ca. 12 km langen Stadtmauer aus dem 14. Jahrhundert, durch deren Tore heute der moderne Straßenverkehr braust. Unterwegs beobachte ich Frauen in orangenen Anzügen und Schirmmützen, die die Rinnsteine der ohnehin sauberen Hauptstraße mit einem breiten Mopp (!) bearbeiten. Und wie schon an anderen Orten fällt mir hier wieder das bekannte Logo von Langnese-Eis auf.

Auch diese Stadtmauer schmücken die typischen roten Lampions. Am Westtor steigen wir eine breite Treppe hinauf und sind dann erstaunt über die ungewöhnliche Breite des oberen schnurgeraden Laufgangs, der unterbrochen wird durch die verschiedenen Wachtürme. Im nächsten Wachturm steigen wir ins zweite Stockwerk, wo man auf einem offenen Balkon einmal ganz herumgehen und weit nach allen Seiten sehen kann. Aber auch von der Mauer selbst haben wir einen schönen Blick. Zum Beispiel auf eine mit Bäumen gesäumte vierspurige Avenue, die auf den 36 m hohen und rund 400 Jahre alten Glockenturm zuläuft. Gepflegte Grünstreifen mit ornamental getrimmtem niedrigen Buschwerk trennen die Auto- von der Radfahrerstraße. An vielen Stellen im Stadtbild erheben sich die modernen Glas- und Stahltürme der Hotels, Banken, Fernsehanstalten und anderer Repräsentationsbauten. Im Wachturmkiosk kauft Heinrich Wasser, denn bei der Hitze haben wir unsere üblichen beiden mitgeschleppten Halbliterflaschen bereits ausgetrunken.

Gegen 18.00 Uhr sind wir zurück im Sheraton.

Nach einer Ruhepause verlassen wir das Hotel und gehen ein paar Schritte nach nebenan in die »Food Street«, einen Schnellimbiss, der zum Sheraton gehört. Hier treffen wir auf einige andere Leute unserer Reisegruppe, die schon gegessen haben und uns bei der Wahl der Speisen beraten können. Vorm Schlafengehen packen wir unsere Trolleys fertig, die nachts vorm Hotelzimmer zum Weiterflug nach Beijing abgeholt werden.

Sonntag, 17. Juni. Das Frühstück vom sehr reichhaltigen Büfett nehmen wir wieder im Coffee-Shop im Erdgeschoss des Hotels ein. Hier wimmelt es von korrekt gekleideten Geschäftsreisenden, vor allem aber von Touristen der verschiedensten asiatischen und westlichen Reisegruppen. Unangenehm fallen uralte Amerikanerinnen auf, die nichts dabei finden, sich sogar im Restaurant in Shorts zu zeigen – ungeachtet ihrer welken Oberschenkel.

Heute starten wir erst um 9.00 Uhr zu unserer Besichtigungstour. Wir bleiben in der Stadt, denn wir wollen den berühmten Beilin (»Stelenwald«) besuchen. Die teilweise 2000 Jahre alten Stelen sind schmale Steinplatten, in die historisch wichtige Texte in kunstvoller Kalligrafie gemeißelt wurden. Dies geschah, um die Texte vor Feuer oder Verfälschung zu schützen. 1.700 der 3.200 verwahrten Stelen können hier im Museum der Provinz Shaanxi, einem einstigen Konfuziustempel, besichtigt werden. Der Tempel mit zwei nach oben geschwungenen Dächern, die auf roten Holzsäulen ruhen, liegt mit seinen zahlreichen Nebengebäuden in einem hübschen kleinen Park mit einzelnen gestutzten Bäumen, Büschen und bunt bepflanzten Blumenkübeln.

Uns sagen die einzelnen Stelen wenig, da wir die chinesischen Texte nicht lesen können. Sie imponieren aber doch durch ihre hier aus- und aufgestellte Vielzahl und durch ihr jeweils darunter angegebenes Alter. In einer Nische fertigt ein Mann käufliche Abdrucke von kalligraphisch besonders schön ausgeführten Texten. Er benutzt dafür Papier, schwarze Farbe und eine Bürste, mit der er das auf die Stelenplatte gelegte geschwärzte Papier unermüdlich beklopft. Wir sehen ihm eine Weile zu, aber die Ausdünstungen der schwarzen Farbe riechen ungesund, daher bleiben wir nicht allzu lange in diesem Bereich.

In einer anderen Halle werden große Steinelefanten und andere Tiere sowie Grabreliefs aus der Tang-Zeit (7. – 10. Jhdt. n. Chr.) und buddhistische Skulpturen ausgestellt. Auch draußen im Garten steht ein »Wald« von Stelen mit verwitterten Zeichen, die jeweils von Affen-, Frosch-, Schildkröten- oder Elefantenskulpturen gekrönt sind.

Trotz der nicht sichtbaren Sonne ist es auch heute wieder sehr warm. Mehrere Leute unserer Gruppe sind stark erkältet, zum Teil mit hohem Fieber. So auch der arme Kerl, der zwei Tage lang während unserer Ausflüge wie in Trance hinter seiner Frau hertrottete. Man hilft sich untereinander mit Papiertaschentüchern aus oder begnügt sich stattdessen mit Klopapier. Einige von uns haben auch mit Magen-Darmproblemen zu tun. Die allgemeine Stimmung ist aber nach wie vor gut, und trotz körperlicher Beeinträchtigungen absolvieren alle tapfer die vorgesehenen Programmpunkte. Denn niemand von uns wird wohl die Gelegenheit haben, diese hochinteressante Reise zu wiederholen.

Nicht im Programm steht der Besuch einer Jadeschleiferei. Es ist die übliche Verkaufsausstellung, vor der wir ein Kurzreferat über die Firma und die Arbeit mit Jade hören. Natürlich wird erwartet, dass wir etwas kaufen. Das tue ich sogar, wenn auch keine Jade. An einem Tisch mit Souvenirs entdecke ich in China produzierte Fahrradklingeln, die bekanntlich besonders schrill sind. Als Mitbringsel für Freunde finde ich sie gut geeignet. Die Klingeln werden dann allerdings später beim Security Check auf dem Airport dafür sorgen, dass mein Handgepäck durchsucht wird.

Vorher hat Heinrich mit scharfem Blick eine Bar mit Tee in Thermoskannen entdeckt. Wir setzen uns dort an einen Tisch und kommen in ein kurzes Gespräch mit einer jungen Chinesin, die eine amerikanische Gruppe betreut und sogar etwas Deutsch spricht. Natürlich haben wir hier auch Gelegenheit, Jadeschleifern bei ihrer Tätigkeit zuzusehen. Sie arbeiten an elektrisch oder mit dem Fuß betriebenen, mit spärlich tröpfelndem Wasser gekühlten Schleifsteinen, einen Finger- oder Atemschutz gibt es nicht. Ein Schleifer sieht bei der Ausführung einer winzigen Gravur durch eine aufgehängte Lupe, während ihm gegenüber ein Chinese, vielleicht ein Kunde, auf einem Stuhl sitzt und zusieht. Als ich herantrete, erhebt sich der Zuschauer sofort und bietet mir seinen Platz an.

Im Obergeschoss stellt eine Möbelfirma ihre Produkte aus. Zu erstaunlich günstigen Preisen könnte man hier diese hochwertigen chinesischen Lackmöbel kaufen, wenn man denn ein Faible für derartige schwarz lackierte Tischchen, Hocker, Kommoden, Schränkchen oder Paravents hätte. Die Möbel sind zum Teil mit Intarsien aus Holz oder Perlmutt, Jade und anderen Steinen verziert oder mit traditionellen Ornamenten bemalt. Die Bezahlung im Zeitalter des Plastikgeldes wäre kein Problem, Fracht und Zoll würde die Verkaufsfirma übernehmen.

Zum Mittagessen fahren wir in das für seine Maultauschen berühmte, nahe dem Glockenturm gelegene Restaurant Defachang. Wir sitzen in einem runden, mit kleinen Sprossenfenstern versehenen Extraraum. Die sehr wohlschmeckenden

Speisen werden flott und freundlich aufgetragen.

Unsere Guide hat uns bereits vorgewarnt: »Falls sich jemand vor Schlangen, Kröten und Ähnlichem fürchtet, sollte er auf den Besuch des Marktes verzichten!« Dieser Markt besteht aus einem überdachten Haupt- und einigen parallelen Nebengängen, an deren Seiten Geschäft neben Geschäft liegt und in deren Mitte noch zusätzlich zahlreiche Stände aufgebaut sind. Wir spazieren im Hauptgang, von dem hin und wieder schmale Quergänge abgehen, einmal rauf und runter und betrachten die ausgestellten Waren.

Für uns ungewöhnlich und mit unserem Ethik-verständnis unvereinbar sind die Glasbehälter, in die man lebende Kröten dicht an dicht hineinge-stopft hat, alle wegen des Platzmangels mit ge-streckten Beinen und die Körper in einer Richtung, verzweifelt schnappen die Tiere nach Luft. Schlangen sehen wir nicht, aber gebündelte dünne Aale, die ebenfalls so eng aufeinander gepackt wurden, dass sie kaum noch zucken können. Le-bende Schnecken, verschiedene Muschelarten, Fische und vieles mehr werden angeboten. Hand-große, in einem Glasbehälter aufeinander gepackte Schildkröten versuchen, an der glatten Wand hoch- und herauszuklettern. Ich bin so schockiert, dass ich nicht einmal fotografieren mag. Wir fragen uns, was mit den lebenden Tieren geschieht, wenn sie heute nicht abgesetzt werden – immerhin ist es bereits früher Nachmittag. – Neben Tieren gibt es auch Getreide und Gewürze aller Art in oben offenen, nach außen aufgerollten Säcken sowie Kräuter zu kaufen.

Ein Kontrast zum Markt ist die Große Moschee. Unser Bus parkt in der Nähe des Trommelturms, von wo wir ungefähr zehn Minuten zu Fuß zum größten Gotteshaus der 60.000 Moslems in Xi'an gehen. Ich bemerke, dass ein Mann sich sogleich an unsere Fersen heftet, vielmehr neben uns herläuft, während er eingehend Heinrichs markantes Profil betrachtet. Blitzschnell fertigt er einen kleinen Scherenschnitt an, den er dann natürlich zum Kauf anbietet. Er ist ein netter bescheidener Kerl, der Scherenschnitt weist sogar eine gewisse Ähnlichkeit auf, und so kaufe ich ihn natürlich. Auf dem Rückweg schneidet er einen Scherenschnitt von mir, den er ebenfalls loswird.

Eine schmale Fußgängerstraße führt zur Moschee, die im dicht bebauten Moslemviertel liegt. Zu beiden Seiten der engen Straße hat sich der Moslemmarkt aufgebaut. Verblüffend: Mitten im kommunistisch regierten China sieht man hier Frauen, die sich öffentlich zu ihrem Glauben bekennen, indem sie ihre Haare mit dem vorgeschriebenen Kopftuch bedecken! Unsere Guide erzählt, für gläubige Moslems gelte das Ein-Kind-Gesetz nicht. Warum diese Ausnahme gemacht wird, können wir nur vermuten. Vielleicht hängt es damit zusammen, dass Moslemkinder ihre eigene, nichtstaatliche Schule besuchen und auch sonst dem Staat nicht zur Last fallen. – Vielerlei Souvenirs werden hier angeboten, vor allem Schmuck und entzückende Teekännchen und -schälchen aus Silber oder Porzellan.

Zur Moschee, in die wir nur von außen hineinsehen, gehören ein ungefähr vier Meter hohes, viereckiges Minarett, ein einzeln stehendes steinernes Ehrentor und ein gartenähnlicher Hof mit niedrigen Bäumen und in Form geschnittenen Büschen. Auf diesem Gelände ist nichts vom Stadtlärm zu hören, und wir genießen hier die beschauliche Stille.

Inzwischen hat unsere Guide uns informiert, dass der für 17.15 Uhr vorgesehene Flug nach Beijing um zwei Stunden verschoben wurde. Nun bleiben zwei Stunden Zeit, die irgendwie ausgefüllt werden müssen. Der unermüdliche Wang hat bereits etwas organisiert, und zwar eine achtzigminütige Fußreflexzonenmassage in einem Salon nahe dem Trommelturm. Uns reizt das bei dieser Hitze nicht, vor allem sind wir skeptisch, ob es tatsächlich Fachkräfte sind, die eine solche, den Kreislauf belastende Massage verabreichen. Denn woher will der größte Salon ad hoc und dazu an einem Sonntag ausgebildete Masseure für 38 unvorhergesehene Gäste nehmen? Doch die meisten aus unserer Gruppe machen von dem Angebot

Gebrauch, vermutlich wird Wang auch hier für sich eine Provision der nicht gerade billigen Prozedur ausgehandelt haben. Wir werfen nur einen Blick in das Etablissement, in dem bereits mehrere Kabinen mit jeweils zwei mit Laken bedeckte Liegesessel auf »Patienten« warten.

Eigentlich wollen wir im Café gleich nebenan Kaffee oder Tee trinken, aber noch in der Tür machen wir kehrt, denn uns empfängt eisgekühlte Luft. Stattdessen beschließen wir, es im nahen Shopping-Center zu versuchen. Dafür müssen wir unter Lebensgefahr über die viel befahrene mehrspurige Straße sprinten. Das Einkaufszentrum liegt unter der Erde, nur ein flaches, pyramidenförmiges und ständig mit Wasser berieseltes Glasdach ragt heraus. Es bildet den Mittelpunkt einer schönen Grünanlage mit schmalen Fußwegen, Kinderspielgeräten, Inlineskate-Platz und sogar einigen Bänken.

Mit der Rolltreppe fahren wir hinunter. Hier herrschen erträglich kühle Temperaturen. Bei unserer Suche nach einem Café stellen wir fest, dass es sich um ein Shopping-Center der Luxusmarken handelt: Armani, Valencia, Versace, Cerrutti, Boss, Hechter, Joop! und ähnliche Marken sind vertreten. Offensichtlich gibt es selbst in diesem Land bereits einen Markt für solch teure Ware. Das beobachten wir nicht nur an den angebotenen Artikeln, sondern auch an den nach neuester Mode gekleideten jungen Chinesinnen, denen wir hier begegnen.

Einige Zeit streifen wir durch die zwei Etagen mit den verschiedenen Angeboten. In der Kinderabteilung fallen mir allerliebste puppige Mädchenkleider auf. Am Ende der Spielwarenabteilung ertönt ohrenbetäubender Lärm aus dem angrenzenden Extraraum mit den Computerspielmaschinen. Kleine und größere Jungen und Mädchen fahren hier virtuelle Autorennen, führen Guerillakriege, rasen durchs Universum oder spielen ganz einfach Schach.

Im Untergeschoss finden wir endlich eine Art Café oder Imbiss und an einem von einem jungen Mann besetzten Tisch zwei freie Stühle. Von hier aus fällt der Blick sofort auf ein Podium, auf dem für TRIUMPH-Moden geworben wird. Riesenposter mit Damen in Miederslip und BH sind zu bewundern, während ein Monitor die Models in Bewegung zeigt. Für das noch bis vor Kurzem so prüde China finden wir eine solche Präsentation erstaunlich!

In diesem Café und auch sonst in der Weltstadt Xi'an werden wir Langnasen offenbar nicht mehr als etwas Ungewöhnliches angesehen. Wir selbst registrieren dagegen die unglaublich dicken und lauten, Shorts tragenden Amerikaner, die neben den zierlichen Chinesen besonders massig und ungeschlacht wirken.

Beijing [Peking]

Gegen 18.00 Uhr treffen sich die Fußreflexzonenleute und wir anderen uns am Bus, der uns zum Airport bringt. Auch auf diesem Flughafen brauchen wir nicht selbst einzuchecken. Wieder werden die Boarding-Cards wahllos verteilt, diesmal fliegt Heinrich als Mrs. (!) Sch. und ich als Mrs. T. Wie schon in Chongqing erhalten wir jeder einen Coupon für die bereits bezahlte Flughafengebühr, der am Gate vorgezeigt werden muss. Der Flug mit den China Northwest Airlines dauert nur eine Stunde, es werden Getränke und Knabberzeug serviert. In Beijing holen wir unser Gepäck vom Band, das dann wie üblich separat zum Hotel transportiert wird.

Das staatliche »Hotel Kunlun« übertrifft mit seiner Eleganz sogar das Sheraton in Xian! In der Mitte der Einfahrt plätschern verschiedene Wasserspiele, über die sich ein auf Säulen gestütztes und mi Lämpchen bestücktes Dach breitet. Personal in Fantasie-Uniformen läuft in großer Anzahl herum, der Fußboden der in verschiedene Bereiche unterteilten, riesigen Lobby spiegelt vor Glanz, ein Teppich mit den Zirkamaßen 20 x 7 Meter, auf dem das Kunlun-Gebirge abgebildet ist, schmückt die dem Eingang gegenüberliegende Wand. – In einem Vortragsraum erhalten wir den Willkommens-Drink und unsere Schlüssel für das Zimmer im 14. Stock. Inzwischen ist es ungefähr zehn Uhr abends geworden. Wir beschließen, nicht noch zum Essen zu gehen, sondern begnügen uns mit Ess- und Trinkbarem aus der Minibar. Außerdem steht auch hier ein Wasserkocher, mit dem man sich Kaffee und Tee verschiedener Geschmacksrichtungen zubereiten kann.

Am Montag, 18. Juni, beginnt unser Besichtigungsprogramm erst mittags, also können wir ausschlafen. Zum späten Frühstück im Drehrestaurant fahren wir mit dem an der Außenfront verglasten Lift in den 29. Stock. Im Restaurant gibt es nur Fenstertische, von wo die Aussicht natürlich grandios ist. Wir meinen, anhand des Panoramas die sehr langsame Drehung des Turms wahrzunehmen. Aber wie wir später erfahren, sind wir einer Täuschung erlegen, denn der Drehmechanismus ist kaputt. »So ist das immer bei uns«, stellt unsere örtliche Guide fest, die bereits über zehn Jahre im Geschäft ist, »mit viel Elan wird etwas geschaffen, und wenn es dann nicht mehr funktioniert, verliert man das Interesse daran und findet sich mit dem Mangel ab!« Wir bedienen uns vom sehr reichhaltigen Büfett. Kaffee oder Tee servieren junge Kellnerinnen, die passend zum Interieur lange dunkelgrüne Kleider in einer Art Biedermeierlook tragen.

Sie sind nicht ganz so eifrig, wie wir es bisher in China kennengelernt haben. »Es ist eben ein staatliches Hotel«, erklärt unsere Guide, »und die Bezahlung ist schlecht. Aber die Angestellten nehmen das in Kauf, denn der Staat garantiert ihnen ein sicheres Einkommen, die so genannte ›eiserne Reisschale‹.«

Nach dem Frühstück schlendern wir ein wenig in der Hotellobby herum. Hier könnte man – neben Süßigkeiten oder Medikamenten – alle möglichen in- und ausländischen Zeitungen und Zeitschriften kaufen. – Den Rest des Vormittags sehen wir uns im Lufthansa-Center gleich nebenan um. Es besteht aus einem Kaufhaus und mehreren Restaurants, darunter das »Paulaner Brau« (nicht »Bräu«). Um zum LH-Center zu gelangen, müssen wir zweimal eine fünfspurige Straße überqueren. Zum Glück gibt es eine Fußgängerampel. Jedenfalls theoretisch. Trotz Fußgängergrün und Leuten, die die Straße überqueren, braust der Verkehr auf den fünf Spuren weiter. Wir müssen also sozusagen um unser Leben rennen. Ich versuche daher, den Autofahrern ins Gesicht zu sehen und habe den Eindruck, dass sie davor zurückschrecken, ausgerechnet eine Langnase über den Haufen zu fahren. Lieber schlagen sie einen scharfen Haken oder bremsen mit quietschenden Reifen etwas ab. Bevor wir über die nächsten fünf Spuren der Gegenrichtung sprinten, können wir auf dem Niemandsland unter einer Hochstraße etwas verschnaufen. Doch selbst hier ist man nicht sicher. Urplötzlich schert ein Auto von der hinter uns vorbeiführenden Straße aus und rast dabei dicht hinter unserem Rücken – dies merken wir erst am Luftzug! – unter der Hochstraße durch, um in Gegenrichtung weiterzufahren. Doch wir haben – wie ersichtlich – überlebt!

Das Lufthansa-Shopping-Center unterscheidet sich kaum von Karstadt oder anderen Kaufhäusern bei uns. Mich interessieren hier (allerdings nur rein theoretisch) Seidenstoffe, die es in Hülle und Fülle und auch in schönen Mustern gibt. Die Preise bewegen sich zwischen 70 – 120 Yuan/Meter (120 breit), also umgerechnet zwischen rd. 25 – 40 DM. In der gut sortierten Porzellanabteilung könnte man dann noch mehr Geld ausgeben. Interessant ist auch immer das Spielwarenangebot, und zwar im Vergleich zu dem in Deutschland. In dieser Abteilung finden sich alle bei uns beliebten Produkte von LEGO, Play-Mobil bis zu Gameboys, Nintendos, Barbie-Puppen u. Ä. Natürlich haben hier Kinder auch die Möglichkeit, in einem Extraraum an Computern virtuelle Gangster zu jagen oder ähnlichen digitalen Unsinn zu treiben.

Inzwischen reicht die Zeit nicht mehr, um irgendwo Mittag zu essen. Aber nach dem späten Frühstück haben wir ohnehin noch keinen richtigen Hunger. Und so begnügen wir uns mit den Resten von Heinrichs gehorteten Vorräten an Keksen und Schokoladentäfelchen. Dazu sitzen wir an dem kleinen Tisch vor dem großen Fenster unseres Hotelzimmers und schauen vom 14. Stock hinunter auf eine Grünanlage, durch die ein breiter Bach fließt mit einigen darin badenden Leuten. Oder auf die belebte fünfspurige Straße und die modernen Wolkenkratzer.

Neu für uns in Beijing ist heute der Besuch der Sommerpalastanlagen, die im Nordwesten der Stadt liegen. Immer noch ist es sehr warm, aber im ehemaligen kaiserlichen Privatgarten aus dem 12. Jahrhundert weht vom Kunming-See eine leichte Brise herüber und macht die Hitze erträglich. Rund um den See stehen direkt an und auf dem bewaldeten Felsenufer die verschiedenen kaiserlichen Palastbauten: Pavillons, Pagode, Tempel, Ehrentor, Audienzhalle und Theaterbühne. Den 1860 im 2. Opiumkrieg von englischen und französischen Truppen verwüsteten Garten ließ Kaiserwitwe Cixi Ende des 19. Jahrhunderts als ihren Alterssitz wieder herrichten.

Unsere Guide hat einen Treffpunkt genannt, an dem die Gruppe sich nach zwei Stunden wieder einfinden soll. Also spazieren wir diesmal ganz ungebunden inmitten der zahlreichen chinesischen Besucher durch dieses wunderschöne Gelände, in dem Trauerweiden, Kiefern, Bambus und Winterkirschenbäume wachsen. In Chinas größtem Park

Beijing, Sommerpalast: Marmorschiff

Wan-
del-
gang

Chine-
sische
Müll-
tren-
nung

125

(250 ha) fallen mir an vereinzelten Stellen Abfall-Behälter mit Symbolen für die Mülltrennung auf. Dies finde ich so ungewöhnlich, dass ich sie sogar fotografiere.

Unsere Guide hat uns ans Herz gelegt, unbedingt auch durch den 728 m langen, überdachten hölzernen Wandelgang zu gehen. Natürlich befolgen wir ihren Rat. Dabei bewundern wir die farbigen Landschaftsmalereien am seitlich etwas heruntergezogenen Dach und an den parallelen Querverstrebungen. Zur Teezeit klettern wir über die durchgehende niedrige Brüstung des Wandelgangs, um im Gastraum eines Kiosks Tee zu trinken. Hier hängen zahlreiche Aquarelle an den Wänden. Potenzielle Käufer witternd, setzt der junge Künstler sich hoffnungsvoll an unseren Tisch. Doch wir müssen ihn enttäuschen, denn wir wechseln mit ihm nur einige englische Redensarten.

An unserem Treffpunkt, dem prächtigen »Marmorschiff« der Kaiserwitwe Cixi, besteigen wir mit unserer Gruppe eines der bunten Drachenboote und gleiten damit geruhsam über den See bis in Nähe der eleganten siebzehnbogigen Steinbrücke. Nach ungefähr einer halben Stunde kommen wir wieder am Ausgangspunkt unseres individuellen Spaziergangs an.

»Auf dem Rückweg besuchen wir ein bekanntes

Krankenhaus für Traditionelle Chinesische Medizin (TCM)« steht auf unserem Tagesprogramm, und wir scherzen, bei dem derzeitigen Krankenstand innerhalb unserer Gruppe könnten sie uns eigentlich alle gleich dort behalten.

Im »Krankenhaus« werden wir durchgetretene Holztreppen hinaufgelotst und dann in einen stickigen, heißen Vortragsraum geführt. Unterwegs kommen wir an Patientenbetten vorbei, die notdürftig hinter Vorhängen verborgen sind. Eine Ärztin hält einen Vortrag über TCM – sogar auf Deutsch –, über Yin und Yang, Akupunktur u. Ä. Dabei leitet sie geschickt zu den sehr teuren Medikamenten über, die natürlich von uns gekauft werden sollten. »Es kommen gleich einige Professoren«, schließt sie ihre Rede, »die Sie dann konsultieren können. Die Professoren werden anhand der traditionellen ›dreifachen Pulsmessung‹ ihre Diagnose stellen.« Diese »Professoren« haben wir vorhin auf dem Hof gesehen. Sie waren offenbar in aller Eile per Taxis herangekarrt worden.

Ich nehme mir vor, den »Spaß« mitzumachen. Ein Professor, als solcher kenntlich an einem weißen Kittel, fühlt meinen Puls, ein Dolmetscher übersetzt. Allerdings stellt er die Diagnose nicht anhand des mit konzentriertem Ausdruck gefühlten »Dreifachpulses«, für dessen Erlernung drei Jahre Studium nötig sein sollen, sondern aufgrund meiner Antworten auf seine Fragen: Blutdruck-, Ma-

127

gen-, Rückenprobleme? Schwierigkeiten beim Wasserlassen? Alles Beschwerden, die bei Leuten meines Alters häufig vorkommen, aber – zu seiner Enttäuschung – nicht bei mir, bis auf Rückenprobleme. Dennoch kreuzt er auf dem vorher verteilten Prospekt drei Mittel an, die helfen *können*, wie es hier vorsichtig heißt. Die Preise schreibt er gleich daneben. Wenn ich darauf eingehen würde, müsste ich monatlich 500 DM für TCM-Pillen ausgeben und davon täglich 60 (!) schlucken! Vorsichtshalber ist auf dem Prospekt für Nachbestellungen auch gleich die E-Mail-Adresse angegeben.

Außer einem älteren Ehepaar beobachte ich niemanden unserer Gruppe, der Kunde wird. Erstaunlich finde ich die auf dem Prospekt ebenfalls angegebene volle Anschrift »Das Beijinger Beratende Zentrum der Gesundheitspflege der Medizinischen Universität der Hauptstadt«. Unsere Guide, deren Agentur für den Besuch dieses Etablissements verantwortlich ist, gesteht freimütig, sie selbst ziehe unbedingt die wirksameren westlichen Medikamente vor. Die seien allerdings sehr teuer.

Dienstag, 19. Juni. Heute fahren wir bereits um 8.30 Uhr los, und zwar zur Großen Mauer am Badaling-Pass und zu den Ming-Gräbern. Die bei unserem ersten Aufenthalt in Beijing (1998) noch im Bau befindliche mautpflichtige Autobahn dorthin ist inzwischen fertig und verkürzt die Fahrzeit erheblich. Viele Taxis sind unterwegs, alle fahren ein in China gebautes Spezialmodell von Citroën. Zunächst kommen wir noch durch eine bessere Wohngegend, in der eine Straße mit Ginkgobäumen gesäumt ist. Bald gelangen wir auf die rund 40 km lange Beijinger Ost-West-Achse »Straße des andauernden Friedens«. An dieser vielspurigen Straße liegen repräsentative Bauten staatlicher Behörden sowie Botschaften und Hotels.

Unsere Guide beklagt die Stempelwut der Behörden. Für jeden Antrag – z. B. Umzug in eine neue Wohnung, Reisegenehmigung, Arbeitserlaubnis u. Ä. – benötige man zahlreiche Stempel, die alle bei den weit verstreut liegenden staatlichen Stellen einzuholen sind. Viel Zeit gehe damit verloren, da man überall lange warten müsse. Inzwischen gebe es allerdings schon eine Firma, die darauf spezialisiert ist, einem diese Wege abzunehmen.

Unterwegs fallen uns immer wieder große Plakate auf – auch auf dem Airport waren sie nicht zu übersehen – mit dem Text »Beijing: Candidate City for Olympic Games 2008«. Ganz offensichtlich unternimmt man enorme Anstrengungen, die Olympischen Spiele hierher zu holen. Besonders viel Wert wird dabei auf Begrünung der Stadt gelegt. So entstehen auf dem Gelände abgerissener alter Wohnviertel kleine Wälder, wozu bereits ca.

Große Mauer am Badaling-Pass

»Geisterallee«

vier Meter hohe Pappeln eingepflanzt werden. Aber auch der Autobahn- und Straßenbau gehört zu diesen vorbereitenden Maßnahmen, die auf mich fast den Eindruck einer Art moralischer Nötigung machen. Tatsächlich entscheidet sich das Olympische Komitee zwei Wochen später für die chinesische Hauptstadt als Austragungsort der Spiele 2008! Auf unserer Fahrt sehen wir einige neu errichtete Sportstätten, z. B. ein riesiges, zum Teil noch im Bau befindliches Stadion. Wir kommen auch an einer Art chinesischem Disneyland vorbei, dessen endgültige Fertigstellung jedoch am fehlenden Geld gescheitert ist.

1998 war es kalt und regnerisch, als wir die Große Mauer bestiegen. Heute ist es tropisch warm, und wir fragen uns, ob wir es bei der Hitze und mit den drei Jahren mehr auf dem Buckel hinauf bis zur gleichen Höhe wie damals schaffen. Obwohl wir von den zwei möglichen Aufstiegen wieder den schwierigeren wählen, gelangen wir auch diesmal tatsächlich wieder bis zum zweiten Wachhäuschen! Eine Kindergartengruppe – alle im gleichen, mit Maueransicht bedruckten T-Shirt – macht gleichzeitig mit uns dort Rast. Bewundernd blicken wir ihnen hinterher, als sie nach kurzer Pause für ein Gruppenfoto auf ihren kurzen Beinchen noch weiter hinauflaufen, als mache ihnen die Anstrengung nichts aus!

Eine Zeit lang genießen wir die Aussicht von

hier oben, bevor wir uns an den Abstieg machen. Unten trinken wir Kaffee in einem Fast-Food-Restaurant, einer Chinesischen Variante von Mc-Donald. In einem anderen Lokal, das im Erdgeschoss auf großer Fläche Souvenirs für jeden Geschmack und Geldbeutel anbietet, essen wir später gemeinsam mit unserer Gruppe zu Mittag.

Anschließend fahren wir zu den Ming-Gräbern. 1998 sind wir hinuntergestiegen ins Dingling-Grab, das einzige, das bereits geöffnet bzw. für Publikum zugänglich war. Diesmal bleiben wir oberhalb und besichtigen die zweite für die Öffentlichkeit hergerichtete Anlage, und zwar die Opferhalle des Changling-Grabes. Es ist ein riesiger überdachter Raum mit sich gegenüberliegenden Türen, der auf 32 roten, teilweise verzierten Holzsäulen ruht. Hier sind zahlreiche Gegenstände zu besichtigen, die vor ca. 600 Jahren als Grabbeigaben gedient hatten. In einer Ecke der Halle läuft ein Video, das die Geschichte der Ausgrabungen dokumentiert. Ich setze mich auf einen der Stühle zu den wenigen chinesischen Zuschauern, um mich etwas auszuruhen. Es ist noch heißer geworden, und eine Pause tut gut.

Denn wir haben nicht nur den vormittäglichen Maueraufstieg absolviert, sondern inzwischen auch einen Spaziergang, und zwar durch die sogenannte Geisterallee. Dieser zu den Ming-Gräbern führende breite Weg ist 1000 Meter lang. Übrigens hatte

auch der jeweilige Kaiser zum Besuch der Graban-
lagen diese Strecke zu Fuß zu gehen.

Durch ein Steintor mit den zwei typischen,
übereinander angeordneten Dächern gelangen wir
auf die Allee, die in gerader Linie vor uns liegt. Sie
ist gesäumt von sich paarweise gegenüberstehen-
den marmornen Kamelen, Elefanten, Löwen, Pferden sowie Fabeltieren, wie z. B. dem Einhorn. Die
Allee macht einen leichten Knick, und jetzt – näher
zur Grabanlage – stehen sich auf beiden Seiten
Figuren kaiserlicher Berater und Generäle gegenüber. Auf der gesamten Strecke wachsen hohe
Trauerweiden, dahinter schließt sich zu beiden
Seiten ein Wäldchen an. Unsere Gruppe ist zufällig
gerade die Einzige an diesem sonst viel besuchten
Ort. Es ist sehr still, nur die Weiden rauschen leise.
Der Wasserverkäufer unter zwei Sonnenschirmen
hat seinen Kopf auf den Tisch gelegt und wacht
nicht einmal auf, als wir dicht an ihm vorbeigehen.

Nach Besichtigung der Changling-Grabhalle
wandern wir eine Weile auf dem sehr gepflegten
Gelände herum, das heute wie ein großer Park
wirkt. Gärtner sind unterwegs mit Wassertonnen
auf zweirädrigen Karren, um die Pflanzen zu
sprengen, und auf dem besenreinen Parkplatz wartet eine alte Frau neben Zigaretten rauchenden
Touristen, um fortgeworfene Kippen sofort in einen blechernen Abfallbehälter zu kehren. Auch
hier bieten Leute Wasserflaschen an. Zufällig be-

merke ich, dass die soeben gekaufte nicht original verschlossen ist. Vorsichtshalber trinken wir nichts davon, denn wer weiß, woher das eingefüllte Wasser stammt!

Am späten Nachmittag kehren wir zurück ins Hotel. Unterwegs touchiert ein Taxi unseren Bus, als es auf die hier übliche Art urplötzlich vor uns einschert. Mitten auf einer vielspurigen Beijinger Hauptstraße bleiben beide Fahrzeuge eine halbe Stunde stehen, während um uns herum der Verkehr brandet. Es ist im Grunde nur eine Bagatelle, aber da beide Fahrer Staatsbedienstete sind, muss die Polizei eingeschaltet werden. Für Verkehrsverstöße gibt es wie bei uns ein Punktesystem. Allerdings mit dem Unterschied, dass jeder Fahrer pro Jahr ein Kontingent von zwölf Punkten zur Verfügung hat, das er für verschiedene Verkehrsdelikte »verbrauchen« kann. Ist das Guthaben »verbraucht«, wird der Führerschein eingezogen. Guide Wang berichtet, der Taxifahrer habe für sein verkehrswidriges Verhalten heute sechs Punkte seines Kontingents eingebüßt.

Abends wären Heinrich und ich gern in die »Peking-Oper« gegangen. Doch obwohl die auf Touristen zugeschnittene Aufführung statt der üblichen drei bis fünf Stunden nur eineinhalb dauern soll, meldet sich von unseren Mitreisenden niemand, und so wird leider nichts daraus. Verhältnismäßig leicht finden wir uns damit ab, denn uns stehen am nächsten Tag wieder anstrengende Besichtigungen bevor. Außerdem müssen wir noch Esswaren für ein Lunchpaket kaufen, da uns morgen keine Zeit für ein Restaurantmittagessen bleibt.

Erst gegen halb neun abends sprinten wir hinüber zum Lufthansa-Center, in dem wir gestern einen Supermarkt entdeckt haben. Unterwegs begegnet uns ein mitreisendes Ehepaar, das bereits zurückkommt vom Abendessen im Paulaner. Wir überlegen kurz, ob wir ebenfalls dorthingehen sollen, um Schweinshaxe und Sauerkraut zu essen, aber das wäre doch wirklich zu absurd! Deshalb kaufen wir im Supermarkt außer dem Proviant für morgen auch noch Schinken- und Käsebaguettes für ein improvisiertes Hotelzimmer-Abendbrot.

20. Juni. Um 9.30 Uhr starten wir zum Kaiserpalast – auch »Verbotene Stadt« oder »Palastmuseum genannt«. Immer noch ist es extrem warm und leicht diesig. Da bei dieser Hitze selbst ein Strohhut nicht viel nützt, habe ich mir angewöhnt, wie die Chinesinnen unter dem aufgespannten Regenschirm zu spazieren. Dadurch entsteht ein leichter Luftzug, der den Kopf umfächelt.

Unsere Guide berichtet, in den letzten Sommern sei es in Beijing immer heißer geworden, häufig seien es mehr als 40 °C gewesen. Offizielle Temperaturangaben gingen aber stets nur bis 39 °C, obwohl jedermann von den Thermometern etwas anderes ablesen könne. Das hänge mit einer Verordnung zusammen, nach der die staatlichen Bediensteten ab 40 °C dienstfrei haben. Ebenfalls seien die letzten drei Winter nicht mehr so kalt gewesen wie gewohnt. Bei entsprechender Windrichtung leide die Stadt hin und wieder auch unter Sandstürmen aus der Wüste Gobi. Man müsse dann sein Gesicht mit Atemmasken oder Tüchern schützen.

»Wir können ungefähr dreißig Fernsehprogramme empfangen«, beantwortet sie meine Frage. »Aber«, schränkt sie ein, »nur chinesische. Warum das so ist …« – dies ist eine ihrer wiederkehrenden Floskeln, wobei sie ein vielsagendes und gleichzeitig unschuldiges Gesicht zieht –, »weiß man nicht.« Natürlich sei das in den internationalen Hotels anders, dort gebe es auch – was wir bereits festgestellt haben – internationale Zeitungen, Zeitschriften und Bücher. Aber dazu habe der »normale« Chinese keinen Zugang.

Als Erstes fahren wir zum Platz des Himmlischen Friedens (Tian'anmen), wo 1989 Studentendemonstrationen blutig niedergeschlagen wurden. Um den Platz ist jedoch alles abgesperrt, denn gleich sollen Paraden und andere Veranstaltungen zum 80. Jahrestag der Gründung der Kommunistischen Partei Chinas stattfinden. Generell herrsche für Zivilisten ein allgemeines Versammlungsverbot auf dem Platz, erklärt unsere Guide. Man solle sich nicht unnötig dort aufhalten oder herumstehen, auch nicht in kleinen Gruppen.

Am Eingang zur »Verbotenen Stadt« gibt es erst einmal eine kurze Verzögerung: Direkt hinter der Kasse ist »die Welt mit Brettern zugenagelt«. Sichtschutzwände umgeben ein riesiges Podest, auf dem vor einer Bühne sicher tausend Stühle in Reihen aufgestellt worden sind. Techniker sind dabei, Lautsprecher mit entsprechender Elektronik zu installieren, Bühnenarbeiter nageln Kulissen zusammen und Wachleute halten Neugierige fern. Wir erfahren, dass hier heute Abend die »Die drei Tenöre« (Careras, Domingo, Pavarotti) auftreten werden. Karten für Plätze in den ersten Reihen sollen umgerechnet 3.000 DM kosten! »Es gibt genügend Leute in unserem Land«, sagt unsere Guide, »die nicht unbedingt wegen der Musik in der 1. Reihe sitzen wollen, sondern, um gesehen zu werden und ihren Reichtum zu zeigen!«

Vor drei Jahren hatten wir nicht so viel Zeit wie heute für die Besichtigung des Palastmuseums, dennoch ist uns vieles in genauer Erinnerung geblieben. Für mich wird der erneute Besuch der Gesamtanlage daher eher ein langsamer Spaziergang. Und so verzichte ich darauf, die vielen Stufen hinauf- und wieder hinunterzusteigen zu den Hallen der Literarischen Blüte, der Höchsten Harmonie, der Vollkommenen Harmonie, der Erhaltung der Harmonie, dem Palast der Himmlischen Reinheit, der Halle der Berührung von Himmel und Erde, dem Palast der Irdischen Ruhe, der Halle der Kultivierung des Herzens, der Kaiserlichen Absolutheit, dem Palast des Ruhevollen Alters oder der Halle der Pflege der Persönlichkeit. Vielmehr wandere ich hauptsächlich auf der Ebene mit dem durchgehenden Steinpflaster oder gehe durch die schmalen Gassen der etwas abseits gelegenen niedrigen bunten Konkubinenhäuser mit ihren Höfen.

Trotz des dunstigen Himmels brennt die Sonne mit aller Kraft, nirgends gibt es Schatten. Erst als wir den Kaiserlichen Garten mit seinem alten Baumbestand erreichen, kann ich meinen Taschenschirm wieder zusammenfalten. Eine Weile ruhen wir uns in einem offenen Steinpavillon auf einer der wenigen Bänke aus. Nach der Weite der Palastanlagen treffen hier auf relativ engem Raum die Besucher aus aller Welt zusammen. Man hört englische, französische und spanische Satzfetzen, und eine Gruppe chinesischer Touristen intoniert ein Lied. Die sauberen Toiletten bestehen auch hier aus den üblichen Löchern im Fußboden und sind in langer Reihe auf einem durchgehenden Podest angeordnet. Allerdings gehen die Zwischenwände nur bis zur ungefähren Brusthöhe, und als ich mich hinhocken will, nickt mir von nebenan eine junge Chinesin kameradschaftlich zu.

Beijing: Himmelstempel-Altar

Tian'anmen:Wachposten vor dem Revolutionsdenkmal

Inzwischen ist es schon Mittagszeit geworden. Während wir mit dem Bus nochmals zum Tian'anmen fahren, verzehren wir unseren Proviant. Die Feierlichkeiten der Kommunistischen Partei Chinas sind beendet, der Platz des Himmlischen Friedens ist jetzt wieder freigegeben. »Mao hat Pause«, meint unsere Guide lakonisch. Auf den weiten Platz knallt die unsichtbare Sonne unbarmherzig herab. Der Posten, der das Revolutionsdenkmal bewacht, wird von einem blauweißen Sonnenschirm beschattet. Heute darf er dort ohne Uniformjacke in kurzärmeligem Hemd auf seinem niedrigen Podest stehen, wohingegen die weißen Handschuhe offensichtlich unverzichtbar sind. Als wir wieder zum Bus gehen, marschiert gerade der Wachablösungstrupp aus dem Tor der gegenüberliegenden Kaserne in Richtung Tian'anmen.

Wir fahren jetzt zum Himmelstempel, der in einem großen Park im Süden der Stadt liegt. Beim Himmelstempel-Altar handelt es sich um kein Gebäude, sondern um übereinander gebaute, sich nach oben verjüngende Steinbalustraden mit Pfeilern und in den Stein gehauenen Verzierungen. Eine größere Anzahl Stufen führt hinauf bis zum Mittelpunkt der Anlage. Dort befindet sich ein runder Stein: der Himmelsaltar.

Immer noch hat es sich nicht abgekühlt, und so laufe ich wieder mit aufgespanntem Regenschirm als Sonnenschutz herum. Gegen 16.00 Uhr fahren wir durch den sehr weitläufigen Himmelstempel-Park (Tiantan-Park) mit seinen Rasenflächen und dem schönen Baumbestand zurück ins Hotel.

Das Gros unserer Gruppe fährt heute Abend zum Peking-Ente-Essen, das wir zwar in sehr guter Erinnerung haben, doch nicht wiederholen möchten. Stattdessen gönnen wir uns den Besuch des teuren Hotel-Restaurants »Four Seasons«. Es liegt einige Stufen erhöht in der Lobby und ist offenbar einem südeuropäischen Straßencafé nachempfunden. Balustraden mit dekorativ wucherndem Efeu und anderen Grünpflanzen bilden die Abgrenzung zur großen Halle. Hier und da stehen romantische »Straßenlaternen«, in der Mitte sprudelt ein Springbrunnen, und ein kleiner Wasserfall rauscht über malerisch angeordnete »Felsen«. Für unseren kleinen Hunger bestellen wir Nasi Goreng, das etwas eigenartig schmeckt. Kühl und gut ist das nach deutschem Reinheitsgebot gebraute »Tsingtao Beer«. Auf einem kleinen Podium bearbeitet währenddessen ein Pianist den Flügel. Nachdem er zu guter Letzt sogar noch Robert Schumanns »Fröhlichen Landmann« gespielt hat, löst ihn – sozusagen im fliegenden Wechsel – ein Streichquartett ab, das uns nun mit Mozarts »Kleiner Nachtmusik« erfreut.

Am 21. Juni frühstücken wir bereits um halb sieben im Dreh- bzw. Nicht-Drehrestaurant im 29. Stock, eine Stunde später fahren wir mit dem Bus zum Airport. Wieder müssen wir am Gate einen Passenger's Coupon für die bezahlte Flughafengebühr vorzeigen, während in der Schlange neben uns ein chinesischer Fluggast mit der Hand durch seine Haare fährt, um danach die gefangenen Läuse mit seinen Fingernägeln zu zerknacken. Zum Glück steht er ungefähr vier Meter entfernt von uns.

Der Flug ist angenehm, die Mahlzeiten sind hervorragend und die beiden gezeigten Filme kurzweilig, den Rest der Zeit verschlafen wir.

Am späten Nachmittag sind wir wieder zu Hause und glücklich, eine so schöne, interessante, aufregende, wenn zum Teil auch recht strapaziöse Reise erlebt und gut überstanden zu haben. Letzteres ist durchaus nicht selbstverständlich. Doch im Laufe unserer vielen Reisen habe ich festgestellt: Der deutsche Tourist ist eiu zäher Typ!

***

Gerda Brömel: Bücher und E-Books (Auswahl)

Aus dem Takt gekommen [Roman, Kiel-Krimi]

Eine Frau in den *zwei*besten Jahren
– Geschichten um Luise-Marie – und 5 Satiren

Eine Frau in den *zwei*besten Jahren (2)
– Neue Geschichten um Luise Marie … und andere

Das Limit . Ausgrenzungen/Eingrenzungen
(Kurzgeschichten)

Auf der Schaukel – Kindheitsbilder 1936 – 1945

Vun wat Fruunslüüd dröömt un annere Vertellen

Der Förde-Nikolaus. Weihnachtsgeschichten

Liebe friesische Freundin (romanhafte Erzählung)

Brömels Geschichten um *schräge* Typen